子どもの「いいところ」を伸ばす ほめ言葉ブック

中井俊已
Nakai Toshimi

PHP

まえがき

　この本を手にとっていただきありがとうございます。
　いま本書を読まれている方は、わが子の幸せと健やかな成長を願う、きっとすばらしいお母さんかお父さんだと思います。
　私も同じ願いをもってこの本を書きました。
　私は大学の教育学部を卒業後、小中９年間一貫教育をしている私立学校で23年間教師をしてきました。その間、小学１年生から中学３年生までの子どもたちやその親たちと接し、たくさんの大切なことを子どもたちやその親たちから教えていただきました。
　そのうち最も大切なことの一つは、本書のテーマである「子どもはほめた方が伸びる」ということです。
　子どもは一人一人が違った個性をもちます。オールマイティーの子どもなどどこにもいませんし、逆にまったくダメな子も一人もいません。
　ところが、伸び悩んでいる子の多くは、自分をダメだと思い込んでいることが多いのです。勉強しても成績は伸びない、スポーツがうまくできない、友だちと仲よくできない、がんばってもいい結果が出ない、などの悩みや劣等感をもっています。
　本当はダメな子などいないのですが、子どもなりに自分とまわりの子を比べて自分はダメだと考えてしまいます。また、親や教師、あるいはクラスメートからマイナ

ス評価を受けると、それを自分のすべてであるかのように思い込んでしまいます。

そんなふうに自信もやる気も失いがちな子にとって、自分をほめて認め励ましてくれる人が絶対に必要です。

たとえ人と劣るところがあっても、自分の長所が認められ、ほめられた子は、自信をもち、やる気を出し、前向きに変わっていきます。

なかでも、最も身近な存在である親の言葉は子どもに大きな影響を与えます。

親のほめ言葉は、子どもをグングン伸ばし、幸せに導いていきます。

この本では、特に若いお母さんやお父さんを想定して、ほめ言葉の原則だけでなく、いろいろな場面でわが子に与える具体的な言葉を集め、短く説明を加えることにしました。

これはいいなと思う言葉を、子どもとの生活のなかで、実際に会話に取り入れて使ってみてください。

子どもの表情が明るくなり、子どもが目を輝かし、子どもがやる気をもって自ら動き出すことを実感していただければと思います。

そうすることで、大切なお子さんが健やかに成長し、親子、家族みなが幸せになっていただければと願っています。

子どもの「いいところ」を伸ばすほめ言葉ブック◇もくじ

まえがき　　2

第1章　ほめると子どもが伸びる

1. ほめるのは、自立した人間に育てるためです　　8
2. 叱った方がしつけはうまくいくと思っていませんか？　　11
3. ほめることなんかないと思っていませんか？　　13
4. 叱ってばかりの子育ては疲れませんか？　　15
5. ほめると子育てが楽になって楽しくなります　　18
6. ほめると子どもがグングン伸びます　　20
7. ひらがなが読めなかった子でも……　　25

第2章　効果的にほめるための基本ルール

1. 効果的なほめ方の秘訣　　30
2. 効果的な「ほめ言葉」の使い方7原則　　32
3. ほめ上手になるための5つの心がけ　　39

第3章　ほめ言葉の実践Ⅰ　よい習慣が身につくほめ方

1. グズグズするときでもほめる　　46

2．あいさつができるようにほめる	51
3．あとかたづけができるようにほめる	55
4．早寝早起きができるようにほめる	58
5．食事をきちんと食べるようにほめる	61
6．友だちと仲よくできるようにほめる	65
7．お手伝いをするようにほめる	68
8．勉強をすすんでできるようにほめる	71
9．読書が好きな子になるようにほめる	75

第4章 ほめ言葉の実践Ⅱ 子どもに合わせたほめ方

1．子どもの性別を考えてほめる　　　　　80
　男女の違いを認めながらほめる
　男の子をほめる
　女の子をほめる

2．子どもの立場を考えてほめる　　　　　85
　きょうだい（兄弟姉妹）としてほめる
　上の子をほめる
　下の子をほめる
　一人っ子をほめる

3．発達段階に合わせてほめる　　　　　　93
　乳児期（0歳〜1歳半くらいまで）

幼児期前期（1歳半〜3歳くらいまで）
幼児期後期（3歳〜6歳くらいまで）
小学校低学年（6歳〜8歳くらいまで）
小学校中学年（8歳〜10歳くらいまで）
小学校高学年（10歳〜12歳くらいまで）

第5章　ケース別ほめ言葉集 I
存在・行動・外見のほめ方

1. 子どもの存在をまるごと受け入れる　　104
2. 行動をほめる　　110
3. 見た目や外見をほめる　　126

第6章　ケース別ほめ言葉集 II
能力・人間性・人間関係のほめ方

1. 能力をほめて伸ばす　　132
2. 人間性をほめて育てる　　142
3. 人間関係をほめて育てる　　146
4. 子どもが喜ぶ言葉、子どもを伸ばす言葉　　150
   （あいさつ、声かけなど）

きっと役立つほめ言葉リスト700　　160
参考文献　　173
あとがき　　174

ほめると
子どもが伸びる

1　ほめるのは、自立した人間に育てるためです

　教育という営みは、小さなことの連続です。
　その目的は、その人を自立した人間に育て、幸せに導くことです。
　ただ、少子化のためか、この頃の親は子どもを可愛がるあまり甘やかし、子どもがすべきことを親がしてしまって、結果的に子どもの自主性をつぶしてしまうことがあります。
　たとえば、ある小学１年生が先生のところまでやってきて言います。
「ん、んん……」
　彼が今着替えをしていて、ボタンがなかなかとめられないのは見ればわかります。
　先生にしてほしいと思っていることもわかります。
　そして、この子の家ではこのように「ん、んん……」と訴えれば、誰かが助けてくれたのだ、そういう育てられ方をしてきた子なのだとも察しがつきます。
　あなたが、この子のクラス担任であればどうするでしょうか。
　私はこれまで、こうしてきました。
「〇〇くん、どうしたの？　言ってごらん」

すると、その子は言います。
「先生、ボタン……」
「○○くん、ボタンができないから先生にしてほしいんだね。それじゃあ、こう言いなさい。先生、ボタンができないので、してください、って」
 そう聞くと、その子は私を見て言います。
「先生、ボタンができないので、してください」
「○○くん、よく言えたね。でも、それは自分でできなきゃいけないことだから、自分でしなさい」
 すると、その子は、また泣きそうな顔で一所懸命、ボタンをとめようとがんばります。
 そして、ほとんどの場合、時間がかかっても自分でできるようになるのです。
 それは、先生がしてやるよりも数倍よいことだと私は考えています。
 子どもにとって、小さいけれど、目に見え、実感できる確かな成長なのですから。
 私はそんなとき、「○○くん、よくできたね。ひとりでできて、えらいね」とほめてあげました。○○くんは、本当にうれしそうでした。

子どもにとって、一般に困難な状況というのは、成長のためにはチャンスとなります。困ったり、失敗したりする方が、実は子どもにとっては勉強になります。

時間がかかっても、下手でもいいから、子どもにさせた方が将来のためになります。

それを大人が先取りしてやってしまうと子どもの自主性をつぶしてしまうのです。

　まわりの大人は、子どもがしていることを見守ってあげればよいと思います。

　そして、**困難な問題にチャレンジしていることをほめてあげればいい**と思うのです。

　ほめてあげれば、子どもはグングン伸びていけます。

2 叱った方がしつけはうまくいくと思っていませんか？

　子どもを自立した人間に育てるために、しつけは必要です。

　ただ、しつけとは叱ることだと思っている人がいるようです。

　確かに、**叱ることも必要ですが、叱ることは、しつけの一つの手段に過ぎません。**

　昔から言われるように、「七つほめて、三つ叱る」ぐらいがちょうどよく、ほめることを中心にした方がいいのです。

　しかも、叱って効果があるのは、子どもの言動のうち、やめさせたいことに対してだけです。

　たとえば、「危険なことをする」「公共の場で騒ぐ」「人に害を与える」など。

　ところが、叱ることが多い人は、子どもをほめてあげた方がいい場面でも叱ることがあります。親は励ましているつもりかもしれませんが、子どもの方は叱られていると感じることが多いのです。

　たとえば、朝起きてボーッとしている子どもに着替えをさせたいときに、「グズグズしないの！　早く、早く！」というような言葉。これは子どもにとっては叱ら

れているのと同じです。

しかも、子どもを自立させるという教育の目的から見れば、叱った効果はあまり期待できません。

子どもによっては、グズグズって何のことか、そのグズグズをしないで、代わりに何をすればよいのかわからないで、キョトンとしています。

あるいは、親が何やら怒っているみたいだから、しぶしぶ動き出すかもしれませんが、子どもの自主性が育っているわけではないのです。

ボーッとしている子どもに着替えをさせたいときは、子どもが自分でできるような言葉かけが必要です。

たとえば、「パジャマを着替えよう。上着のボタン、自分ではずせるかな？」と言って、今何をすればいいか教えてあげます。

そして自分ではずせたら、「よくできたね」とほめてあげればよいのです。

子どもを自立した人間にしつけるためには、子どもにやらせたいこと、続けさせたいことはほめて、その能力を伸ばしてやるべきです。

子どもは、ほめられることで伸びます。特に親や教師、身近な大人からほめられることで、自分の力をグングン伸ばし、自分の可能性を広げていけます。

3 ほめることなんかないと思っていませんか？

　子育てで疲れてイライラしているときなど、「うちの子はあまりほめることなんかない」と思ってしまいがちです。
　しかし、子どもにほめるところがないのではなく、恐らくほめるべきところが親に見えていないだけです。
　どんな子どもにも、ほめてあげるところはたくさんあるはずです。
　ほめるのは、ごく平凡なことでいいのです。
「お母さんは、ぼくたちがケンカをするときはガミガミ叱るのに、ぼくたちが仲よくしているときは、ほめてくれない」
　多くの子どもはそう思っています。
「特別に何かしたらほめてもらえるけれど、当たり前のことには気づいてもくれない」。そう思っています。
　誰だって、特別なことなんか、そうめったにできるわけではありません。
　実は、特別なことより、平凡に見えることの方が難しいこともあるのです。
　たとえば、朝、ひとりでパッと時間通りに起きられた。

遊んだ後のおもちゃのかたづけができた。

夕食にキライな野菜が出たけれど、ガマンして食べられた。

ほめようと考えて、改めて子どもを見ると、ほめるべきことはたくさん見つかるのではないでしょうか。

あるお母さんは、「○○ちゃんの成長ノート」などと名づけて、子どものよかったところやお母さん自身が子どもを見ていてうれしかったことをノートに記すことをはじめました。

すると、子どものよいところに気づくようになって、ほめることが前より多くなったそうです。

毎日、3週間くらい、そんなノートをつけてみれば、以前に気づかなかった子どものよいところが見えてくるでしょう。

4 叱ってばかりの子育ては疲れませんか？

　子どもがなかなか言うことを聞いてくれないと親はストレスが溜まります。

　どうしても叱ることが多くなって、ついついガミガミ言ってしまいがちです。

　子どもを育てる上で、叱ることはもちろん大切です。でも叱ってばかりだと、次のA〜Cに挙げるようにあまりいいことはないでしょう。

A　叱っている本人がキツイ

　子どもによくなってほしい、と強く願って叱るのですが、ついつい感情的になって長くなります。

　ご本人も、ついつい叱ってばかりの自分がイヤになり、後で落ち込みます。

　怒りという感情は、ストレスの因(もと)になるのです。

B　子どもがキツイし、子どもにいい影響がない

　ガミガミ怒られて育つと、子どもは自信をなくし、自分のことが好きになれません。

ガミガミ感情的に叱っても、話の内容は子どもにうまく伝わりません。
　「グズグズしないの！」などと言われても、子どもには、何をどうしたらよいのか正確には伝わっていません。
　伝わるのは、「あなたはグズ」「あなたは動作がのろい子」というメッセージです。
　子どもは、ガミガミ言われれば言われるほど、その話の内容を覚えていませんし、よい行動への意欲も失せていきます。

C　親子関係にいい影響はない

　親が自分の感情にまかせて叱ると、多くの場合、叱り方に一貫性がなくなり、子どもの感情に負の影響を与えます。
　子どもには、「そんなぼくを親は怒っている」「お父さんもぼくが嫌いなのかな」という感情が残ります。
　同じことをして、昨日までは何も言われなかったのに、今日は突然メチャクチャ怒られたとなれば、子どもは親への不信感を募らせます。
　思春期の子どもなら、そのような叱られ方をすれば、まず反発します。
　幼い子どもの場合、親に力で強く反発しませんが、自分は十分に愛されなかったという記憶は、その後の成長

によい影響をもたらすはずがありません。

　以上述べてきたようなことが、多少なりとも当てはまりそうであれば、叱り方を少し変える必要があるかもしれません。
　そのヒントとして、叱るときに気をつけたいことを3つほど挙げてみます。

●叱るとき気をつけたいこと

> 1．1つのことを短く叱る
> 2．過去のことを思い出してもついでに叱らない
> 3．他の子と比較して叱らない

　これだけでも気をつければ、叱る数や時間は減ってきます。
　その結果、ほめることが多くなって、子育てはもっと楽で楽しくなりますよ。

5 ほめると子育てが楽になって楽しくなります

さて、ほめた方が子育ては楽で楽しくなる理由を次に述べてみます。

A 子どもが自主的に動くようになる

山本五十六(いそろくげんすい)元帥に次のような名言があります。
「やってみせ、言ってきかせて、させてみて、ほめてやらねば、人は動かじ」

山本五十六元帥は、連合艦隊司令長官として何千何万人もの人を命令一つで動かすことができた人です。

それほどの人物が、人を動かすには、命令するだけではダメだと思っていたのです。

子どもに対しても同じです。親や教師なら、権威をもって、「ああしなさい」「こうしなさい」と命令し、ある程度子どもを動かすことはできるでしょう。

しかし、多くの場合、子どもは動かされているのであって、自分から動いているとは言えません。

子どもが命令によって受身的に動かされるのではなく、自分から主体的に動くようになるためには、ほめてやらなければなりません。

ほめてもらえたことで、子どもは、自分の行動を「あっ、これでいいんだ」と納得し、自信をもちます。
　ほめてもらえたことで喜びが生まれ、やる気も出てきます。すると、いちいち親から言われなくても自分からすすんで行動するようになるのです。

B　ほめるとストレスが減り、笑顔になれる

「一怒一老」「一笑一若」という言葉があります。
「一怒一老」は、一つ怒ると、その分老け込むという意味です。怒ると緊張やストレスが増し、精神的に疲れて早く老いていくのです。
「一笑一若」は、その逆です。一つ笑うと、一つ若くなる、という意味です。近年、医学分野でも笑うことは健康や病気の回復に効果があるとさかんに言われています。笑うことは、精神をリラックスさせ、よい人間関係をつくる上でも大切なことです。
　ところで、ほめることは、笑うことにも通じます。
　親が子どもをほめるとき、怒っていることはまずありえません。たいていは、笑顔なのです。「よくがんばったね」「えらいね」とか、子どもに笑いかけながら、ほめ言葉を言うものです。
　その結果、子どもからも笑顔が返ってきます。
　そうすると、親子間に温かなコミュニケーションが成立し、よい親子関係が育っていきます。

6 ほめると子どもがグングン伸びます

では、ほめると子どもがどのように伸びるのか、次にご説明していきましょう。

A 喜びと自信がもてる

誰でもほめられると、うれしいものです。そして、自分のしたことや自分に自信がもてるようになります。

何か新しいことを学んだり、生活習慣を身につけたりする上で、喜びをもっていることと自信をもって取り組めることは大切です。

子どもは未熟で、新しいことに興味はあるものの不安であったり、やってみると何度か失敗をしたりすることがあります。

だからこそ、できたときに「**おみごと！**」「**よくやったね**」「**お母さんもうれしいよ**」とほめられると、さらにうれしくなり自信にもなるのです。

B 自分が好きになれる

自分で自分のことを好きになるのは大切なことです。

自分をダメな人間だと思わず、健全な自尊心をもつことは生きていく上でのエネルギーとなります。

ほめると、子どもの自尊心が育っていきます。

自分にはいいところがある。自分は親から大切な存在だと思われている。

それは親から受け入れられ愛されているという実感から生まれます。

このような子どもは、たとえ傷つくことや失敗するようなことがあっても、だいじょうぶです。ほめられ、認められ、愛されてきたことで、自分自身の生きる力の源となる心の拠りどころをもっているからです。

C　やる気が出る

何事もやる気をもっておこなうのは、とても大切なことです。

物事をイヤイヤながらやっても、楽しくないし、結果がうまくいくこともあまりありません。

ほめられると、やる気が子どもに生まれます。

結果だけでなく、「よくチャレンジしたね」「がんばってるね」「いいね。その調子だよ」などとその意志や態度、プロセスをほめられることで励まされ、またがんばろうという意欲をもてます。

やる気を出しておこなうと、取り組む姿勢も力の入れ方も、その結果も変わってきます。

第1章　ほめると子どもが伸びる

D　続けることができる

「継続は力なり」とは本当にそうです。続けることで能力は伸びていきます。

　習い事でも子どもが本当に好きなことなら、喜んで続けます。そして、どんどん上達していくものです。

　でも、はじめのうちはやる気があったのに、続けられなくなることは誰にでもあります。それははっきりした成果が味わえず、続けることに喜びが味わえなくなるからです。

　まだ成果が目に見えないときは、**「やり方がていねいになったね」「だいぶ上手になってきたよ」「はじめの頃と比べたらずいぶんよくなってきたね」**など、親が上手にほめて励ますことで続けることができます。

E　よい習慣が身につく

　何事も続けていると、しだいにそれが楽にできるようになり、いつしか習慣となって身につきます。

　伸びる子は必ずよい習慣をもっています。たとえば、あいさつの習慣、かたづけの習慣、食事でのマナーの習慣、絵本や本を読む習慣、お手伝いの習慣、早寝早起きなど。

　このようなよい習慣をもっている子どもは、健やかに

すくすく育っていけます。また、将来、自分の能力を自分で伸ばしていけるでしょう。

　ただ、これらのよい習慣は決して一朝一夕で身につくものではありません。小さいうちからの親の模範や親のほめ言葉があればこそ身につけることができるのです。

F　大人になっても必要な徳や品性が育つ

　社会のなかで幸せに生きていくには、人間としての徳や品性が必要です。

　素直さ、謙虚さ、礼儀・マナー、敬愛、たくましさ、責任感、思いやり、誠実さ、喜び、忍耐、感謝などの心をもち、磨いていくことは、大人になっても大切です。

　これらの徳や品性は、親が子どもをほめることで、少しずつ身につけていくことができます。

　たとえば、後に挙げる「あいさつができるようにほめる」ということは、礼儀・マナーや敬愛の心などを育てます。「お手伝いができるようにほめる」ことは、責任感や思いやりの心などを育てます。

　このように具体的な行動や習慣を通して、大人になっても必要な徳や品性が育つのです。

G　子どもの未来が明るくなる

　子どもをほめれば、その子の性格も未来も明るくなります。

　ほめると子どもの能力を伸ばすことができますが、それだけではありません。

　子どもをほめることは、親の大切な愛情表現の一つですが、その愛情によって子どもは大きな影響を受けます。

　一般に、親からほめられず、けなされて育った子は、それと同様のことを他の子に対してもしてしまいます。陰鬱な暗い気持ちを自分の中だけにとどめておくことができないのです。

　反対に、親からたっぷりと愛情を受けた子は、自分の受けた愛情を無理なく他の子にも与えられるようになります。

　そして、人を心から愛し愛される人になります。この世のよさも素直に認め喜び、自分の未来に希望をもてるようになるでしょう。

7 ひらがなが読めなかった子でも……

　教え子のTくんのお話をしましょう。
　Tくんは、入学したばかりのときには、ひらがなも満足に読めない子でした。
　入学前に読みの試験をするので、ひらがなの読めない子はこれまで入学してくることはありませんでした。でも、Tくんはつい最近まで外国で生活していた帰国子女だったので、それを考慮して入学が受け入れられたのです。
　私はTくんが小学1年生のときの学級担任でした。国語の時間に教科書を読ませると、やはりTくんは一文字ずつたどたどしくしか読めませんでした。
　でも、光るものがありました。いっしょに何度も読みこんで、いったんリズムをつかむと、驚くほど表現力豊かに読めるのです。そして、その表情がとても明るくていいのです。
　私は「うまく読めるようになったね」「じょうずだね」、そうほめて励ましました。すると、Tくんはまた笑顔になります。
　6月に学芸会があるので、その台本読みをクラスでしたときも、最初、Tくんはほとんど満足に読めませんで

した。でも、セリフを読んでいったん覚えると実に豊かに表現できます。それをほめてあげると、何と一番セリフの多い主役を演じたいと言い出しました。

　そして、読み合わせの練習を重ねているうちにクラスの子どもたちから主役に選ばれ、本番でも見事に演じ切ったのです。

　その後、Tくんは小学校6年間、中学校3年間を通じて、国語のテストの点が特別よくなったわけではありません。ただ、まわりの人を明るくする人柄で、誰とでもすぐ友だちになれる子でした。

　幸いTくんは英語が抜群によくできたので、高校は県内の進学校に入学し、そこで生徒会長を務め有意義な高校生活を送ったようです。そして、現在は東京の難関私立大学に推薦入学し通っています。

　この子は、小学校、中学校の間、たぶん高校でも、短所よりも長所を認めてほめられて育った子だと思います。

　教師たちだけではありません。Tくんのご両親もほめるのが上手な人でした。

　幼稚園の先生だったお母さんは、いつも笑顔でTくんを優しく温かく見守る人でした。

　カナダ人のお父さんからは、いつだったか次のようなことを教えていただき、私自身、今でも心に深く残っています。

「日本では、がんばっている人にも『がんばって、がん

ばって』と言って励ますことがあります。でも、カナダではそう言わないんですよ。『いいぞ！　すごいぞ！　かっこいいぞ！』って励ますんです」

　国語がほとんどできないというハンデがあって入学してきたTくんでしたが、彼はそれで少しも卑屈になることもなく、明るく学校生活を送り成長していきました。

　それは、もちろん彼の力でもあるのですが、彼をほめつづけたご両親や教師たちの力に負うところが大きかったと私は考えています。

第2章

効果的にほめるための基本ルール

1 効果的なほめ方の秘訣
～ほめ上手な親への次のステップ～

　子どもを伸ばす効果的なほめ言葉とはどんなものか、どのようなことを心がければいいかを見ていきましょう。

　単にほめ言葉を知っているだけで、ほめ上手になれるわけではありません。ほめ言葉の使い方、効果的なほめ方には秘訣があります。

　本章では、その秘訣をまとめました。これらをふだんから意識することで、効果的なほめ方ができるようになります。

　まずは効果的な「ほめ言葉」の使い方の7原則をご紹介します。

●効果的な「ほめ言葉」の7原則

原則1	ありのままをほめる
原則2	気前よくほめる
原則3	言動や事実を具体的にほめる
原則4	タイミングよくほめる
原則5	結果だけでなくプロセスもほめる
原則6	続けさせたいことをほめつづける
原則7	愛情をもってほめる

また、実際にほめ言葉を使う上でふだんから心がけておきたいこととして、5つの心がけを挙げることができます。

●ほめ上手になるための5つの心がけ

心がけ1	いつも子どものいいところをさがす
心がけ2	子どもの話をよく聴く
心がけ3	ほめ言葉を口ぐせにする
心がけ4	ほめ言葉のレパートリーを増やす
心がけ5	笑顔を心がける

　では次に、これらの7つの原則と5つの心がけを、具体的なほめ言葉を交えてご説明していきましょう。
　全部をいっぺんにおこなう必要はありません。焦ることなく、一つ一つ実践しながら、少しずつ身につけていくとよいでしょう。

2 効果的な「ほめ言葉」の使い方 7原則

原則1　ありのままをほめる

　子どもが期待通りのことをできたらほめてあげよう、と考えていると、どうしてもほめ言葉は少なくなってきます。

　なぜなら、子どもは失敗もしますし、がんばっても親の期待にいつも応えられるわけではありませんから。

　そんなとき、親は子どもを激励するつもりで、「もっとがんばってね」と言いがちです。しかし、子どもはそう聞くと、「自分はがんばってもダメだ。がんばっても、またがんばれと言われるに決まっている」と考えて、やる気がなえてしまうものです。

　子どもは、できれば自分のがんばったことを親から認めてもらい、ほめてもらいたいと思っています。期待通りの結果は出せないけれど、それでも自分なりにがんばっている、ありのままの自分を見ていてほしいし、認めてほしいのです。

　そんな気持ちを汲んで、今の状態でも**「がんばってるね」「よくやってるね」「ここまで続くのはなかなかできないことだよ」**などと認めてあげるのです。

それが「またこの次もがんばろう」「もっとがんばろう」という子どもの意欲につながります。

原則2　気前よくほめる

子どもをほめるときに、「当たり前」は禁句です。

親が「そんなことはできて当たり前」と考えていると、子どもをほめることができなくなってしまいます。

大人にとっては当たり前でも、成長過程にある子どもにとって当たり前ではないことは多いものです。

あいさつをすることも、ひとりで着替えをすることも、残さず食べることも、かたづけをすることも、習慣になっていなければ子どもにとっては決して当たり前のことではありません。

それらの当たり前のことが習慣になるまでは、ほめたり叱ったりして続けさせるのが親の役目です。

その際、やはりほめることが中心です。誰でもほめられた方がうれしいし、ほめられたことは続けようと思います。

子どもの立場に立って、気前よくほめるのです。

「わっ、すごい。ひとりで起きられたね」と言ってあげるだけでいいのです。

「今日も、ひとりでおかたづけができたわね」と笑顔で声をかけるだけでいいのです。

「あっ、野菜が食べられたね」と言って、ニコッと笑い

かけるだけでいいのです。
　ほめ言葉をケチってはいけません。どんどん気前よくほめるのです。
　当たり前のことなんかないと思って、どんどんほめてあげるとよいでしょう。

原則3　言動や事実を具体的にほめる

　ほめられる者の心理としては、自分を個別にほめてもらった方がうれしいものです。
　さらに誰にでも当てはまる漠然としたほめ言葉よりも、自分のどんなところがよいかを具体的にほめてもらった方が喜びも増します。
　たとえば、「いい子だね」と何度も判を押されるようにほめられるよりも、「**お手伝いしてくれて助かるな**」「**お友だちと仲よくできたね**」「**おもちゃのかたづけがよくできたね**」と具体的にどんなところがいいのかをほめてもらった方がうれしさは増すものです。
　それは、自分のことをちゃんとよく見てくれているんだなという安心感や喜びが得られるからです。
　また、自分の言動を具体的にほめられると、子どもはその言動をまた繰り返したくなります。子どもがよい生活習慣と行動を身につけていくためにも、子どもをよく見て、その言動を具体的にほめることが大切です。

原則4　タイミングよくほめる

　子どもにとってほめられてうれしいと感じるときにタイミングよくほめることも大切です。

　原則として、子どもが何かよいことをしているのを見たら、その場ですぐにほめるといいのです。そうすれば、短い言葉でも説明なしに、印象深く伝わります。

　それに、後でほめてあげようと思っていて忘れてしまうことも防げます。

　タイミングよくほめてあげるためには、子どもをいつもよく見て、子どもの細かい変化を見逃さないことが大切です。

　そして、よい変化があったら、すかさずその場でほめるのです。

「いいね」「よくできたね」「えらいなあ」「お母さん、うれしい」

　ほめ言葉が口ぐせになるくらいに、毎日、たくさんほめる親になりたいものです。

原則5　結果だけでなくプロセスもほめる

　失敗したときは、子どもはそのときの結果だけ見て落ち込んでしまいます。

　努力しても結果が思わしくないということは誰にでも

あるのです。

　なのに、親もその結果（数字）だけ見て、「全然がんばってないじゃないの」「努力が足りない」などと叱ると、子どもは「もう、やる気なくなるなあ」と気持ちが沈んでしまいます。「自分はダメなんだ」と自信を失ってしまいます。

　でも、結果だけで判断せずに、そのプロセス、その取り組み方やがんばった点を見つけてやると、子どもは違った受けとめ方をするものです。

　たとえば……。

　親「昨日は、テレビも見ずに試験勉強してたね。感心
　　　したよ」
　子「うん、でも、慌てて詰め込んでもダメだね。これ
　　　からはもっと前から準備するようにするよ」

　親「今日の試合負けたけど、いいパスがたくさん出せ
　　　たね」
　子「パスの練習はだいぶしてきたんだよ。これから
　　　は、もっとシュートの練習もするよ」

　このように親が子どもをよく見ていて、その取り組みのよかったところもほめてあげると、子どもはまた自分の目標に向かって意欲をもって努力できるようになるものなのです。

原則6　続けさせたいことをほめつづける

　子どもを変えるには、段階があります。

　親の一言で、子どもが急に変わるのは稀(まれ)です。

　それでも、親の一言がきっかけで、気持ちが変わり、行動が変わることがあります。同じような行動を繰り返すことで、それが習慣化され、徳になります。

　そして、よい徳をもっている人は、運もよくなっていくものです。

　子どもをほめるときには、続けさせたいことをほめましょう。

　おこないは続けることによって、習慣となり、その人の徳になります。

　おこないを続けさせるためには、ほめつづけることが必要です。

　毎日続けてほしいのなら、毎日ほめましょう。

　親がどれだけほめつづけることができるか、それが子どもの力になり、行動へとつながるのです。

原則7　愛情をもってほめる

　言葉は使う人の心のあり方によって、相手への伝わり方が違います。

　心のあり方は、顔の表情や声の出し方などになって現

れ、子どもでも敏感に感じ取ります。

　どんなに美辞麗句のほめ言葉でも、無表情でぶっきらぼうに並べたてられれば、それが本心でないことが感じ取られ、うれしさは湧いてこないものです。

　でも、たとえ**「がんばったね」「よくやってるね」**というシンプルな言葉でも、親が子どもの努力や成長を喜んで心から発する言葉であれば、それは親の表情にも現れ、十分に子どもに伝わります。

　ときには「大切だよ」「わたしの宝ものだよ」と愛情をストレートに表すことも大切です。

　たとえほんの些細なことであっても、子どものよさを親が喜び、愛情をもって心からほめることで、子どもを喜ばせ、自信をもたせ、やる気にさせるのです。

3 ほめ上手になるための5つの心がけ

心がけ1　いつも子どものいいところをさがす

「子どものありのままをほめる」「結果だけでなくプロセスもほめる」ためには、いつも子どもの行動をよく見ていることが大切です。

しかし、子どもにああなってほしい、こうなってほしいという欲だけをもって子どもを見れば、子どもの欠点や未熟さばかりが目に入ってきますし、気になってきます。すると、子どものいいところが見えなくなり、ほめることも少なくなってしまいます。

それを避けるためには、現在の子どものいいところをよく見てさがし、それを口にするといいのです。

「わっ、いいわね」「できたね」「なかなかやるな」「すごい！」

そんなちょっとした言葉でもいいのです。子どもは自信をもち、笑顔になれます。

心がけ2　子どもの話をよく聴く

人の話をよく聴いて理解してあげるのは、愛情です。

聴くとは、きちんと耳を傾け、顔を見て、心で受けとめることです。

その話は、親があまり喜ぶようなことではないかもしれません。

子どもは、できればお母さんやお父さんに喜んでもらいたいし、ほめてもらいたいのですが、いつもいつもうまくいくわけではないのです。

「ぼくね、がんばったんだよ。でもダメだったよ」

こんな言い訳話も、本当は聴いてほしいのです。

子どもが心から打ち明ける話をじっくり聴いてあげるのは、愛情です。

そんな話を「**がんばったんだね**」「**勇気を出してチャレンジしたんだね**」と理解して、その行為をほめてあげれば、自分が受け入れられていると感じます。

自分が受け入れられていると感じている子どもは、親の言葉も素直に聞き入れます。

逆に、うまくいった話もよく聴いてあげ、親もいっしょに喜ぶことで、子どもはますます意欲を湧かせ自発的に取り組むようになります。

心がけ3　ほめ言葉を口ぐせにする

口ぐせには不思議な効果があります。マイナスの言葉にはマイナスの効果が、プラスの言葉にはプラスの効果があります。

たとえば、親が子どもに事あるごとに「ダメね、ダメね、それじゃあダメ」と毎日のように言っていると、子どもは何をしてもダメだと思ってしまい、自信をなくし、やる気をなくし、自分はダメだと本気で思い込んでしまいます。

　逆に、子どもへのほめ言葉、たとえば**「いいね、いいわね」「やるなあ」「よくできるね」**など子どものしたことを肯定する言葉を口ぐせにすると、子どもは自信をもち、ますます意欲をもって物事に取り組むようになります。

　口ぐせにするには、数多く言わねばなりません。

　この本を何度も見て確認しながら、ほめ言葉が自然と出るようになるまで何度も口にしてください。

　最初は言い慣れない言葉でも、使っているうちに自然と出てくるようになります。

　たくさんのプラスの言葉が口ぐせになれば、たくさんのプラスの効果があります。

　子どもだけでなく、親自身にもきっといいことが起こるようになります。

心がけ4　ほめ言葉のレパートリーを増やす

　ほめ言葉は先ほど説明したように、子どもの意欲や自発性を引き出し、子どもの能力をグングン伸ばしていく効果があります。

逆に言えば、そのような効果をもたらす言葉や表現もほめ言葉ととらえることができるでしょう。

　たとえば、「**ありがとう**」「**助かったわ**」「**よくやってくれたわ**」というような感謝の言葉、ねぎらいの言葉です。

　また、「**大好きだよ**」「**いっしょにいると楽しい**」「**いっしょにいるとうれしい**」など、子どもの存在自体を受け入れる言葉です。

　さらには、「**そうね**」「**なるほど**」「**そうそう**」というように子どもの言動を肯定する言葉も広い意味でのほめ言葉だと考えてよいのではないでしょうか。

　そのようなほめ言葉のレパートリーを少しずつ増やして、その場に応じて使うことで、子どもの能力をさらに伸ばしていくことができます。

心がけ5　笑顔を心がける

　しつけがうまくいく親は、普通ニコニコしています。うまくいくから、ニコニコになるというよりも、ニコニコだからうまくいくのです。

　イソップ童話の「北風と太陽」を思い出してみてください。

　旅人の外套(がいとう)を脱がすために、北風は力いっぱい強い風を旅人に吹きつけ、外套を吹き飛ばそうとしました。一方、太陽はにこやかに暖かな光を旅人に与えつづけまし

た。どちらが成功したかご存じですね。

ガミガミ怒ってばかりの子育てでは、この北風と同じです。子どもは、反発心をもち、親が望む行動はとりたがらないか、親の言う通りにしたとしても、納得しないままイヤイヤ従うでしょう。

ニコニコ笑いながらの子育ては、太陽のやり方と同じです。子どもは親の笑顔に見守られ、励まされ、自主性をもって行動していけるのです。

太陽のように暖かく、ニコニコとほめられ育てられた子どもは、太陽のように明るく生き生きと育っていくと思います。

1 子どものいいところをさがす
2 子どもの話をよく聴く
3 ほめ言葉を口ぐせにする
4 ほめ言葉のレパートリーを増やす
5 笑顔を心がける

第2章 効果的にほめるための基本ルール

第3章

ほめ言葉の実践 I

よい習慣が
身につくほめ方

1 グズグズするときでもほめる

　前章では、ほめ方の効果的な原則や心がけを見ていきましたが、実際には個々の子どもの状態や子どもが置かれた状況などを考えてほめる必要があります。

　また、親が子どもをほめる際に、子どもがよい行動をとるように、ひいてはよい習慣を身につけるように願ってほめることが大切です。

　それは教育の目的にかなったことであり、子どもを幸せに導く行為です。

　そこで、本章では子どもが望ましい行動をし、それを習慣として身につけられるようなほめ方やほめ言葉をいくつか提案していきます。

　これらを、各々の家庭状況のなかで個々の子どもに応じたほめ方を考えていくための参考にしていただければ幸いです。

ポイント1　子どもの動作の遅さを受け入れる

　お母さんの口癖で多いのが「早く早く」です。「早く起きなさい」「早く着替えなさい」「早く食べなさい」と子どものすることを急がせます。

子どもの動作がのろいと、イライラしているお母さんは、「あなたはいつもグズグズしてるのね」「ノロマのノロちゃんね」などと言ってしまいます。
　これらは子どもにマイナスの影響を与えてしまうマイナス言葉です。
「グズグズしたらダメよ」と言われれば、子どもは自分がグズだと思ってしまいます。「早く早く」とせかされたら、子どもは自分がかなりノロマなんだと思ってしまいます。そう思うことで、本当にグズでノロマになってしまいかねません。人間は自分が思い描いている状態になりがちだからです。
　でも、考えてみれば、大人より子どもの動作が遅いのは当然です。慣れない動作に時間がかかるのも当たり前のことです。
　ですから、まずお母さんがイライラしないで、ゆったりした気持ちになることが大切です。子どもの動作がどんなに遅く思えても、そのありのままの姿を受け入れることです。
　その上で、時間以外のことにも目を向けてみるといいでしょう。
「いまひとりでお洋服を着ているのね、えらいわね」
「少しもこぼさずに食べられているわね」 など、遅いながらもほめることが見つかるのではないでしょうか。

第3章　よい習慣が身につくほめ方

ポイント2　子どもの自主性を育てる

　何事も始めるときにはエネルギーを必要とします。ロケットが飛び立つときには、飛行中の何倍ものエネルギーを使います。でも、発射に成功すれば、慣性の法則で楽になります。

　私たち人間の行動も同じで、始めるときには大きなエネルギーがいるものです。

　取りかかりが遅い子に、「早く○○しなさい」と命令しても、すぐに始めることは稀でしょう。仮に実行しても、シブシブするのであれば、子どもの自主性は育ちません。

　子どもの自主性を育てるためには、年齢が上になればなるほど、子ども自身が自らやりたいと思うようにさせなければなりません。

　たとえば、なかなかあとかたづけをしない子に、「また、散らかしたままね。何度言ったらわかるの。早くかたづけなさい」と叱っても、自主的に動く子どもには育ちにくいでしょう。

　でも、叱って動かそうとするのではなく、次のようにほめて自主性を育てようと思っていると親子の会話が違ってくるでしょう。

　親「○○ちゃん、さっき遊んだおもちゃ、出したままね？」

子「うーん(そうだった、まだかたづけてなかった。でも、いまテレビがおもしろいところだから、困ったな)」

親「このままだと、お母さん、おそうじのときに困っちゃうな」

子「(そうか、お母さんも困ってるのか) じゃあ、このテレビ、終わったらすぐかたづけるから。それでいい?」

親「**そう、いいわよ。助かるわ。ありがとう**」

そして、かたづけた後、「○○ちゃんが、**自分でおかたづけできるから、お母さんうれしいわ**」と言ってあげます。

すると、親子の関係は良好のまま、子どもの自主性が育っていきます。

ポイント3　一つ一つの動作に対するほめ言葉を言う

「早く、早く」とせかされても、子どもの動作が早くなるわけではありません。

子どもに言葉をかけるのなら、いまやっている動作をせかす命令言葉よりも、一つの動作に対するほめ言葉の方がよいでしょう。

たとえば、着替えのときに「**あら、ボタンがひとりでできたね。上手になったわね**」と言ってあげます。

食事のときは、「**にんじん、残さず食べられたのね**」と言ってあげます。

　あとかたづけのときは、「**遊んだ後、すぐにおかたづけできるようになったわね**」と、言ってあげます。

　子どもは、ほめられると、ほめられたことをまたしようとします。

　動作を早くさせたいなら、「早く早く」という言葉を使わない方が賢明です。

　「早く早く」とせかして、その場では早くなるかもしれませんが、子どもが自ら動いたわけではありませんから、この次も変わっていません。

　動作を早くさせたいのなら、「**早いね**」とほめてあげた方が効果的なのです。

　「**服を着るのが早いね**」「**前より早くなったね**」などと言ってほめてやれば、だんだん服を着るのが早くなります。

　子どもは、ほめられたことをほめられた通りにやりたがるからです。

　ほめられると、自分からすすんでやるので、早くなるし、上手にできるようになるのです。

グズグズするときのほめるポイント

- 子どもの動作の遅さを受け入れる
- 子どもの自主性を育てる
- 一つ一つの動作に対するほめ言葉を言う

2 あいさつができるようにほめる

ポイント1　まず親が手本を見せる

あいさつは漢字で「挨拶」と書きます。
「挨」は「おしひらく」という意味で、「拶」は「せまる」という意味です。

あいさつは、人の心をおしひらいて、はたらきかけるコミュニケーションの第一歩です。幼稚園・保育所・学校・近所付き合いでも、人とのつながりはあいさつに始まります。

あいさつをすることで、相手への親しみや敬いの気持ちを表します。

あいさつをすると、された方はうれしいものです。

お世話になっている人には、礼儀としてどんどんあいさつするように教えるとよいでしょう。

最も効果的な教育方法は、大人の模範です。

親が家族や知り合いの人にあいさつをするのを見て、子どももできるようになってきます。

子どもに対しても、親が先にあいさつをしていると、子どもは必ずあいさつを返してくれます。

「おはよう」「いってらっしゃい」「おかえりなさい」

「おやすみ」

　これらの言葉は、子どもの存在を受け入れ、子どもによい習慣を身につけさせる意味で大切な言葉です。

ポイント2　子どものあいさつに感謝する

　いいあいさつには、コツがあります。それは、
「㊡かるく、㋑つも、㋚きに、㋡づける」
こと。
　相手を見て、明るく元気なあいさつをすると、相手に明るさや元気さが伝わります。
　笑顔であれば、相手はもっとうれしくなります。
　そんなあいさつをいつも、先にすること。
　あいさつは、先にした方が喜ばれます。
　あいさつによって、私たちは、相手への親しみや敬いの気持ちを表し、伝え合います。
　ですから、いつも、先にするように心がけるといいのです。
　私は教室で、子どもにもっとあいさつをしてもらいたいときには、次のような短い話をしたものです。
「今朝、廊下を歩いていたら〇〇くんが、先生より先に元気よくあいさつしてくれました。先生は、とてもうれしくて眠気がいっぺんに覚めたよ。そして、教室に入ったら、△△くんが先生を見つけて、真っ先に『おはようございます』と言ってくれました。とてもうれしくて、

今日もやるぞ！　と元気が湧いてきたよ」

　子どもたちは、それをニコニコして聞いています。

　すると、次の日、自分からあいさつをする子どもが必ず増えたものです。

　ご家庭でも、子どもが先にあいさつをしてくれるようになったら、ときには「**ありがとう。（あいさつしてくれて）うれしいよ**」と言ってあげるとよいでしょう。

　自分にあいさつをしてくれたら感謝をこめて笑顔で応えてあげましょう。

ポイント３　人へのあいさつをほめる

　子どもによっては、あいさつの大切さがわかっていても、人見知りであいさつが上手にできない子がいます。

　モジモジして恥ずかしがったり、声が小さくなったりするのです。

　そういう子に「恥ずかしがらず、勇気を出して言いなさい」と言っても効果がないなら、あいさつが人を喜ばせることを教えましょう。

「恥ずかしいのに、勇気を出して、あいさつしたら、してもらった人はうれしいものだよ」などと……。

　あいさつがよくできたときには、「**元気よくあいさつができたね**」「**さっきのあいさつは、よく言えたね。バスの運転手さんもうれしそうだったね**」「**笑顔であいさつしてくれて、うれしいよ**」などと言ってあげましょ

う。

　自分のあいさつを喜んでもらえたり、ほめてもらえたりすることで、子どもはまた勇気をもってあいさつできるようになります。

　そして、元気なあいさつ、笑顔のあいさつがたくさんの人にできるようになります。

あいさつができるようにほめるポイント
- まず親が手本を見せる
- 子どものあいさつに感謝する
- 人へのあいさつをほめる

いってらっしゃい♡

おはようございます

おはようございます

えらいわ〜♡

まあいいあいさつね

ぺコリ

おはよーございます♡

3 あとかたづけができるようにほめる

ポイント1　靴を脱いだ後、そろえるようにほめる

　しつけ３原則というものがあります。

　これは、半世紀以上も前、神戸大学名誉教授の森信三先生が提唱されて以来、あらゆる教育現場に広がっていきました。

　それは簡単にいうと次の３つです。

1. **あいさつ**
2. **返事**
3. **あとかたづけ**

　これらを徹底すれば、他のことをあれこれ欲張ってしつけなくても、しっかりした子に育つというのが、森信三先生のお考えです。

　初めは半信半疑だった私も教職経験を積み重ねるうち、しだいにその考えに賛同できるようになりました。

　あいさつで人間関係のコミュニケーション能力が磨かれ、「はい」という返事で素直な心になり、あとかたづけで責任感が育っていきます。

　任されたことを責任感をもって最後までするということは、勉強や仕事をする上で、大人になっても大切なこ

とです。

　この責任感は、子どもが小さいうちから「あと始末・あとかたづけ」の習慣をしつけることによって育てていけます。

　具体的には、まずは、靴を脱いだ後、きちんとそろえておくこと。

　これができたら、**「靴がきちんとそろってるね」「お行儀よく靴が並んでるわね」**などとほめてあげましょう。

ポイント2　イスを元に戻せるようにほめる

「あとかたづけ」のもう一つの具体的なものは、席を立つときにイスを元に戻すこと、です。

　実は、教室の中でガサガサと落ち着きのない子は、こんな簡単なことができないものです。

　逆に、席を立つときにイスを元に戻す、つまり自分の使ったものを元に戻すということを動作のけじめとしてできる子は、不思議と生活態度や学習態度が落ち着いてきます。

　これらのことは、できていないときに叱ってしまいがちです。でも、むしろできているときにほめてあげた方がお互いに気持ちがいいし、効果的です。

「イス、元に戻ってるね」「イスが戻ってると気持ちがいいな」「しっかりしてきたね」などとほめると、しだいにできるようになります。

ポイント3　使ったものを元に戻すようにほめる

　さらには、脱いだパジャマ、こぼしたおかずのあと始末。遊んだ後のおもちゃのかたづけなど、いろいろありますが、要は、使ったものを元に戻すことです。

　できていないと、イライラして叱ってしまいがちですが、むしろ親が手本を見せ、やり方を教え、できているときにすかさず、ほめてあげた方が効果的です。

　親がかたづけ上手ですと、あとかたづけの美的感覚が子どもにも養われていきます。

「おかたづけの後、きれいになってるわね」「お部屋がすっきりしていい気持ち」

　美的感覚が磨かれると、その他のあとかたづけも親に教えてもらいながら、しだいにできるようになります。

　さらに**「道具が元通りにきちんと戻してあるから、使うときに助かるわ」**などとほめると、整理整頓されていた方が他の人のためにもなることがわかってきます。

あとかたづけができるようにほめるポイント

● 靴を脱いだ後、そろえるようにほめる

● イスを元に戻せるようにほめる

● 使ったものを元に戻すようにほめる

4 早寝早起きができるように ほめる

ポイント1　まず親が早起きを実践する

「早寝早起き」は、健全な日常生活を送る基本です。「早寝早起き」は、仕事や学習効率を高め、健康にもよいのです。

　早起きをして朝早くから仕事を始める人に、怠惰な人はまずいません。

　それどころか、人生に対し前向き、肯定的で、やる気に満ちた人が多いのです。

　優秀な企業、商店の経営者や一流のビジネスマンは、まず間違いなく早起きを実践しています。

　彼らは、早朝が仕事や勉強に最も効果をあげる時間だと経験上よく知っているので、朝は早く起き、そのため夜は早めに床に就きます。

　仕事の関係上、どうしても無理だという場合を除いて、まず親が早起きを実践することをおすすめします。

ポイント2　早起きしたときにほめる

「早寝早起き」は、当然ながら子どもの学習や生活にお

いてもよい影響を与えます。

　一般に、「早寝早起き」の子どもは、やる気もあり成績もよくなります。

　朝から元気で落ち着きもあり、授業に集中し、意欲的だからです。

　しかし、宵っ張りの子は、その逆です。

　夜寝るのが遅い子どもは、朝起きるのも遅く、朝食も満足にとれず、朝からボーッとした睡眠不足の頭で、やる気なく授業に出てしまいます。

　しかも、ちょっとしたことでイラつき、キレやすく、集中力も長続きしません。

　当然、学業も振るわず、ますますストレスを溜めていくのです。

　早起きができたら、**「早く起きられるようになったね」「目覚ましがなったらすぐ起きられるね」「自分で起きられるね」**とほめてあげるとよいでしょう。

ポイント３　夜寝る前にほめる

　早起きをさせるためには早く寝させるのがよいのですが、現代では家庭の事情でなかなか難しいようです。

　「子どもに早起きをすすめる会」の調査発表によると、午後10時以降に就寝する３歳児の割合は、1980年代には、２割程度だったのですが、その20年後には約５割に達しました。

親が遅いから子どもも遅くなる、それが子どもの「早寝早起き」ができない大きな原因となっています。

　子どもの心身の健全な成長のためには大人の生活習慣に合わせるのではなく、早く寝させるようにしましょう。子どもが夜寝る時間を決めて、その時間には床に入るようにする習慣をつくるのです。

「もうパジャマに着替えられたね」「寝る準備できたんだね」「今日も、おりこうでいろいろがんばったね」「おやすみなさい、大好きだよ」

　ゆったりとした気持ちで眠りにつくことができるようにほめてあげましょう。

早寝早起きができるようにほめるポイント

- まず親が早起きを実践する
- 早起きしたときにほめる
- 夜寝る前にほめる

5 食事をきちんと食べるように ほめる

ポイント1　朝食をきちんととらせる

　毎日の食事は私たちの体や頭脳、情緒に大きな影響を与えます。成長期の子どもには栄養のバランスがとれた三度の食事をとらせることが大切です。

　特に、朝食は大切です。

　朝食を抜けば、しだいに空腹になっていき、脳や体のエネルギー源となる糖分（ブドウ糖）が欠乏して、脳や体の働きは低下していきます。

　そのために、精神的にもイライラしたり、怒りっぽくなったりします。

　子どもは一食の量が少ない分、肝臓に蓄えられる糖（グリコーゲン）の量も少ないので、空腹の影響が、大人よりも強く出やすいのです。

　そのため、朝食をとってこない子どもは、授業中、学習意欲に乏しく、集中力も長続きしません。問題解決能力も理解力も劣っていき、必然的に成績の低下をまねきます。

　逆に、朝食を毎日きちんととって学校に来る子は、精神的にも安定しています。

「朝ごはん、しっかり食べられたね」「朝ごはんがおいしいのは健康の印だよ」

そのような言葉かけをしながら、親子ともども朝食をきちんととれる家庭であってほしいものです。

ポイント2　嫌いなものを食べたらほめる

偏食は、嫌いなものを食べないというだけではありません。好きなものばかり食べるというのも、やはり偏食です。

最近の子どもの食生活には、砂糖、塩、動物性脂肪の摂取が多く、魚や野菜が少なく、やわらかいものが好きという傾向があるそうです。

そのために、心筋梗塞、動脈硬化予備軍と肥満児を増加させ、かまないことが、あごの発達と歯並びを悪くさせています。

また、ミネラル、ビタミンの少ない食事が、骨折、アレルギーを増加させています。

さらには、偏食が体だけでなく心にも大きな影響を与えます。

子どもがイライラしたり、腹を立てたりすることが増えるのです。

子どもの偏食は、生まれたときから現在までの食生活の積み重ねの結果です。

嫌いなものを前にして躊躇している子には、「これ、

おいしいよ」と言って、おいしそうに食べてみせます。

まわりの人がおいしそうに食べているのを見ると、食べ物はおいしくなるのです。

そして、その子が少しでも食べられたら、「**あっ、一つ食べられたね。すごい！**」などとほめてあげます。全部食べられたら、「**残さず食べられたね。よくがんばったね**」と大いにほめてあげます。

そういうことを繰り返していると、子どもは苦手な食べ物でも少しずつ克服していけるようになってくるでしょう。

ポイント3　食卓で子どもをほめる

食卓を囲んで家族が食事をとる時間はとても大切です。親が仕事で忙しくても週に何度かは時間を決めて、家族そろって食事をする時間を確保できるといいですね。

その食事の時間は、家族みんなにとってもできるだけ楽しい時間にしたいものです。食事中に親子の会話ができるのはよいことです。

それは子どもにとって安らぎの場であり、人の話を聞く力や人に話をする力を自然と養っていく場にもなるのです。

会話では、できるだけ楽しく食事ができるように、子どものいいところを見つけて話題にしましょう。

第3章　よい習慣が身につくほめ方

たとえば、食事のマナーで、「こぼさないで食べられるようになったね」「箸の使い方、うまくなったね」など。「今日、〇〇は宿題すぐにすませたのよ」「近所の人が〇〇くんはよくあいさつしてくれるって喜んでいたわ」と親どうしが情報を伝達しながら、ほめることもできます。

食事をきちんと食べるようにほめるポイント
●朝食をきちんととらせる ●嫌いなものを食べたらほめる ●食卓で子どもをほめる

家族みんなの楽しい時間にしましょう

おはしの使い方うまくなったね

6 友だちと仲よくできるようにほめる

ポイント1　いっしょに遊ばせる

遊びは、子どもの成長の糧です。遊びを通して子どもは、人間的に成長します。

心の面でも、体の面でも、そして頭の発達の面でも、子どもの成長に遊びは欠かせません。

鬼ごっこやサッカー遊びなど、外でワイワイ数名の友だちと遊ぶことを通して、子どもは楽しみながらいろいろなことを学んでいきます。

遊びといえども自分勝手な行動をとらないで、ルールを守ることがいかに大切か、約束を守り、うそをつかないことがどれだけ重要かを学びます。どんなことをすれば友だちは怒ったり泣いたりするのか、逆にどうすればみんなと楽しく過ごせるかを知ります。

人の心を感じ取る力、人と共感する力、人と連帯する力などを自然と養っていきます。人付き合いの機微や社会性などを体験しながら習得していくのです。

子どもが遊ぶのは当たり前で自然なことですが、ときには、「**外で元気よく遊べたね**」「**みんなと遊んできたの、よかったね**」と喜び、ほめてあげましょう。

ポイント2　親の言葉を省みる

　どの子も友だちと仲よくしたいと思っています。
　友だちに好かれやすい子は、自分勝手なことをしない子、優しい子、いっしょにいて楽しい子です。
　それはおこないに表れてくるのですが、言葉にも出てきます。
　親がふだん家庭で使っている言葉を、子どもは記憶していて友だちに投げかけることがあります。
　親のキツイ言葉や口ギタナイ言葉を聞かされて育っている子どもは、自分も同じような言葉を口にします。たとえば、友だちがうまくいったときに、「やっとできたの？」「たまたまだね」「誰でもできることだからね」など。そのため、友だちから嫌われることもあります。
　逆に親からほめられたり、感謝したりする言葉を多く聞いて育っている子は、自然と友だちにも同じような言葉を口にします。たとえば、友だちがうまくいったときに**「よかったね」「おめでとう」「すごいね」**などと言ってあげられます。
　子どもがまわりの子にどんな言葉を使うかは、親の影響が大きいのです。

ポイント3　ケンカをしたら仲直りさせる

仲のよい友だちどうしでも、ケンカはあります。

ケンカによって子どもは人間関係の機微や大切さを知り成長することができます。大事なのはケンカの後の仲直りです。

仲のよい者どうしは、ケンカして、仲直りすれば前よりももっと仲よくなれるのです。

仲直りのポイントは、謝ることです。

ケンカの直後は、双方とも相手が悪いと思っています。でも、軽重はあれ、どちらにもよくないところがあったので起こるのがケンカです。

相手に悪いところはあるでしょうが、自分の子どもにも非を認めさせ、きちんと言葉で謝らせた方がよいと思います。

人間は誰でも人に謝るのは苦手ですから、日頃から**「ケンカをしてえらいのは先に謝った方だなあ」**と言っておくのです。

そして、自分の非を認めた子どもを**「先にごめんできて、えらいと思うよ」「きちんと謝れて立派だよ」**などとほめてあげましょう。

友だちと仲よくできるようにほめるポイント

- いっしょに遊ばせる
- 親の言葉を省みる
- ケンカをしたら仲直りさせる

7 お手伝いをするようにほめる

ポイント1　親の真似をさせる

　小さい頃から決まったお手伝いを毎日してきた子どもは、仕事であれ、勉強であれ、ちゃらんぽらんにはしません。さまざまな能力も磨かれて、学力も必然的に高くなっていきます。

　普通子どもは、大人のやっていることを真似したがるものです。お母さんがお料理をしていれば、自分もエプロンをしてお料理をしてみたくなります。お父さんが大工仕事をしていれば、自分もかなづちやのこぎりを使ってみたくなるものです。

　そういう気持ちをうまく汲み取ってあげれば、子どもは喜んでお手伝いをしてくれます。

　しかし、子どもがまだ小さい場合、それがお手伝いにはならないこともあるでしょう。逆に、仕事のスピードがにぶり、仕上がりも悪くなり、散らかした後のかたづけなど余計な雑事が増えることが多いでしょう。

　それでも子どもの成長のためにはお手伝いは、小さいうちからやらせた方がよいのです。

　簡単なことから、初めは親が手本を見せて、それこそ

手伝ってもやって、お手伝いをさせましょう。そして、**「よくできたね」「うまいね」**とほめましょう。

ポイント2　責任感を育てる

　お手伝いを気まぐれな真似事で終わらせずに、家事を分担するような定期的なお手伝いにすることで、子どもをさらに伸ばしていけます。

　お手伝いを家事の分担として子どもに任せると、子どもの責任感が育ちます。

　自分も家族の一員だから、家の仕事を分担するのは当然だ、親が困っていれば助けるのは当たり前だと、しつけられている子どもは抵抗なく喜んで親を手伝えます。

　子どもは小さいうちからでも、簡単な家事分担のお手伝いはできます。

　それを**「これはきみの大切な仕事だよ。今日から家族みんなのためにやってくれるかな」**と言ってやらせるのです。

　たとえば、お風呂の水くみとそうじ。「みんなが、お風呂に毎日入れるかどうかは、**○○ちゃんにかかってるからね。頼んだよ」**

　また、玄関の靴ならべ。「玄関はわが家の顔だからね。靴がきちんとそろっているようにならべるのは**大切なことだ。それを○○ちゃんに任せるよ」**

　そんなふうに、お手伝いができることに誇りと責任感

をもたせるのです。

ポイント3　親が感謝し喜びを伝える

　お手伝いをしてくれたら、どんな小さなことであっても、「**ありがとう**」「**助かったよ**」と感謝しましょう。「**おかげでいいお風呂に入れて気持ちいいよ**」「**玄関がきれいだからうれしいな**」などと喜びを伝えましょう。

　そうすれば、自分のしている仕事は、家族のために役立っているし、喜ばれているという実感が味わえます。

　自分の仕事（お手伝い）がお父さんの疲れを癒し、お母さんの負担を軽くする点で重要な役割をしているのだと知るようになります。

　自分が、家族の生活を支えていく上でなくてはならない存在であることに誇りをもつようにもなります。そうすると、子どもの心に生きがい感が生まれてくるものです。

お手伝いをするようにほめるポイント

- 親の真似をさせる
- 責任感を育てる
- 親が感謝し喜びを伝える

8 勉強をすすんでできるようにほめる

ポイント1　読み書き計算は、ほめながら励ます

　小学生のときには、徹底して基礎学力を身につける必要があります。

　それは、「読み・書き・計算」の基礎基本です。

　おおざっぱに言うと次の3つです。

1. **音読・素読をさせる**
2. **完全に漢字を習得させる**
3. **計算を繰り返す**

　これらを反復練習すれば、必ず基礎学力はつきます。

　これらは家庭学習でできることです。

　ただ問題は、「読み・書き・計算」は同じようなことを繰り返す単純な勉強なので、飽きやすいということです。

　親は子どもが飽きないですすんで取り組めるように、ほめて励ましましょう。

　音読・素読では、具体的な箇所を示し、「**ここは上手に読めたね**」「**大きな声で読めたね**」「**間違えずに読めたね**」「**会話文の読み方がうまいね**」などとほめます。

　漢字では、「**ていねいに書けたね**」「**しっかりした字だ**

ね」「難しい漢字が書けるようになったね」などと文字をよく見てほめます。

計算では、100マス計算など時間を計ってやり、「**前よりも早くできるようになったよ**」「**最高記録だよ**」「**すごい！　全問正解だよ**」などと子ども自身に成長を実感させるとよいでしょう。

ほめられることで励みになり、しだいに自分から取り組むようになります。

ポイント2　続けられることをほめる

子どもの学力を伸ばすために大切な力は、持続力です。

どの教科でも、コンスタントに続けられる子どもは、確実に学力が伸びていきます。逆に、続けてやれない子どもは将来伸び悩みます。

知能が高くても、コツコツとした努力の積み重ねがあってこそ、確かな学力に結びつくのです。

だいたい100日間続ければ、習慣になります。習慣になれば、力になります。

家庭でも、100日間続けることを目標にさせ、励ましていきましょう。

また、子どもには、机に向かって勉強するクセをつけさせることをおすすめします。

家庭学習の時間は、だいたい「10分間×学年」が目安

です。

　高学力の子どもなら、「20分間×学年」はできます。

　つまり３年生なら60分間で、それ以上やらせる必要はありません。

　一度に何時間もして、その後疲れて何日もさぼるより、短時間でも毎日コツコツする方がよいのです。

「きちんと机に向かって勉強できるね」「毎日、よくがんばっているね」「コツコツ勉強できてえらいね」「勉強する習慣がついてきたね」「持続力があるね」

　コツコツ努力を積み上げる習慣は、子どもの才能をどんどん伸ばし開花させます。

ポイント３　読み書き計算以外の勉強もほめる

　机に向かって「読み書き計算」をするだけが勉強ではありません。

　伸びる子どもは、机に向かっての勉強以外にも、勉強をしています。

　実は、子どもは遊ぶことによってたくさん勉強しています。

　さまざまな人間や自然とのふれあいなどを体験し、文字情報だけでは得られない実感をもって学習しています。教室以外の場でも、見たり、聞いたり、話したり、行動したりするのも大切な勉強なのです。

　ご家庭でも、家族が今日の出来事を話しあうのは、子

どもにとっては、絶好の勉強の機会となります。

「今日はどんなことが勉強になった？」と、食事のときやお風呂でいっしょのときなどに聞いてみましょう。

今日見たこと、聞いたこと、おもしろかったことなどを話してもらうのです。

「へえー、おもしろいね。なるほどね」と聞いてあげ、質問もしてみましょう。

話すことによって子どもの情報伝達能力が磨かれていきます。

話す内容は子どもが自分の目や耳で学び取ったことですから、しだいに情報収集能力も高まっていきます。

「よく気がついたね」「いろいろ知ってるね」「おもしろいこと習ったね」と反応したり、**「そういえばね」**と親が知っていることも教えてあげたりするといいでしょう。

社会や自然界全部が教科書になって、いつでもどこでも何かを学ぶ研究心旺盛な子に育つでしょう。

勉強をすすんでできるようにほめるポイント

- ●読み書き計算は、ほめながら励ます
- ●続けられることをほめる
- ●読み書き計算以外の勉強もほめる

9 読書が好きな子になるようにほめる

ポイント1　読み聞かせをする

「人の話をしっかり聞ける子になってほしい」と願わない親はいません。

情報の多くは、聞くことによって得ることができます。

学力を獲得する点でも、聞く力は読み書き以前の基礎的な能力です。

また、人の話を聞いて、相手の言うことを理解することは思いやりをもつことにもなります。

ところが、この頃の子どもは聞く力が弱い。

自分本位なおしゃべりは得意ですが、落ち着きがなく、人の話をきちんと聞く力が乏しいのです。

そこで、おすすめしたいのが「読み聞かせ」です。

小さいうちから、読み聞かせをしていると、子どもの聞く力が育ち、本好きになり、豊かな心が育っていきます。

時間は、10分ほどでかまいません。絵本や童話を読んでやります。

「落ち着いてよく聞けたね」「最後までよく聞けたね」

とほめてあげます。

　読み聞かせを続けると、必ずや子どもに聞く力や集中力が育ちます。感動をさそう物語なら、情感豊かな子どもに育ちます。文字や本に興味をもち、読書好きの子どもにもなります。

ポイント2　いっしょに読書をする

「朝の10分間読書」というすばらしい教育があります。
　林公(ひろし)という高校の先生が提唱されて以来、今や「朝の10分間読書」は、全国数万校の小・中・高校に広がってきています。

　やり方はカンタンです。

　自分の好きな本を開いて、授業前の10分間、声を出さずに読書をするだけです。
「朝の10分間読書」を実践している教室では、本好きな子が急激に増えました。

　子どもたちに、読む力と同時に書く力もついてきました。

　さらには、その教育効果は子どもたちの生活面にも及びました。続けているうちに、しだいに遅刻が減り、イジメや校内暴力がなくなってきたのです。林先生は「心の教育は朝の読書から始まる」とまで言われています。

　なぜ、「朝の10分間読書」には、そのような効果があるのでしょうか。

第1に、みんなで一斉に取り組むので、読書が苦手な子どもでも継続しやすい。

　第2に、朝の10分間という短い時間なので、どの子も集中しやすい。

　第3に、時間が短いので、自分から本の続きをもっと読みたくなる。

　同様の営みは、家庭でもできるかもしれません。週に一度か二度でも、朝、家族が同じ部屋に集まり、思い思いの本を開く静かで知的な10分間を過ごすことができないでしょうか。

「集中して読めたね」「熱心に読めたね」「本が好きになったみたいね」

　きっと豊かで充実した朝を過ごせるようになるでしょう。

ポイント3　おもしろかった本を教えあう

　子どもの頃に読んだ本で、ぜひわが子にも読んでほしいという本が誰にでもあるのではないでしょうか。

　そういう本を子どもに教えてあげましょう。

「これは、お母さんが子どもの頃に読んだ本でね、とってもおもしろかったんだよ」とすすめられると、子どもは興味をもって読み始めます。

　このように親が子どもの頃読んで、感動した本、役に立った本、忘れられない本をぜひ子どもに教えてあげま

しょう。

それは、親子が絆を深めるよい機会にもなります。

逆に、子どもから教えてもらうこともあった方がよいと思います。

幼稚園や学校で先生に読んでもらった最近の本、子どもの友だちが読んでいた本の中には、親が知らなかったいい本があるものです。

「へえー、おもしろいね」「いい本読んでるね」「教えてくれてありがとう」

ほめたり、感謝したりすると、子どもはますます読書が好きになります。

読書が好きな子になるようにほめる

- 読み聞かせをする
- いっしょに読書をする
- おもしろかった本を教えあう

第 **4** 章

ほめ言葉の実践 II

子どもに合わせた ほめ方

1 子どもの性別を考えてほめる

　当然ながら子どもは一人一人違う個性をもっていると同時に、性別、それぞれの家庭の中での立場、発達段階が違います。

　それらを考慮していないと、ほめたつもりでも子どもの心を傷つけることがあります。

　逆に一人一人の子どもに合わせてほめることができれば、同じほめ言葉でもより効果的に子どもを伸ばすことにもなります。

　この章では、子どもの性別、きょうだいの中での立場、発達段階によるほめ方の違いを考えていきましょう。

　例として挙げたものは絶対的な基準ではありませんので、目の前の子どもをよく見て、その子に応じたほめ方を考えていく際の参考としていただければ幸いです。

男女の違いを認めながらほめる

　男と女の体つきが違うように、性別によって脳の働きが違うことが最近の研究で明らかになってきました。

　脳の働きの影響もあって、男の子と女の子は、その成

長過程・興味・関心・得意なこと・学習態度などが違います。

　一般に女の子の成長の方が早く、小学4年生から中学2年生まではそれが続きます。同じ教室で学習させると、同学年の子なら、女の子の方がませていて、男の子は幼く思えてきます。

　興味・関心も違います。男の子は、算数の図形、理科の実験、昆虫が好きです。絵でも、車や電車など動くものを好んで描きます。一方、女の子は算数では計算、理科なら花、植物に興味をもち、絵は人物や草花などを好んで描きます。

　女の子は一般に言語の能力が高く文章読解、作文が好きで得意になります。男の子は空間認知能力が高く、パズルゲームなど、図形処理が得意です。

　学習態度も違います。コツコツ真面目にきちんと学習できて着実なのは、女の子。同年代の男の子は集中力に欠けますが、いったん乗り出すと俄然やる気を出して急上昇することがあります。

　それぞれの特性を生かし、苦手なことを叱るよりも、**「〇〇が好きなんだね」「〇〇が得意なんだね」**と興味があること、得意なことをほめて伸ばしたいものです。

ポイント
その子の得意なことを認めてほめて伸ばす

男の子をほめる

　男の子の落ち着きがないのは、好奇心の表れでもあります。いったんおもしろいことを見つけると夢中になって追求していく力を男の子はもっています。

　しかし、男の子は、女の子よりも成長が遅いので、同年代の女の子の中では萎縮して劣等感をもってしまうことがよくあります。

　まず、女の子と比べて「どうしてあなたはできないの」と叱らないことです。

「させなければならない」「できなければダメ」という母親の感覚で抑えつけてしまうのはよくありません。

　男の子を伸ばすためには、興味や関心がもてるように誘導してあげることです。

　本好きになってほしいなら、男の子が好きな怪獣や乗り物が登場する本や冒険の本などを感情たっぷりに読んであげれば「おもしろい」と身を乗り出してきます。

　興味をもったことには、「図鑑で調べてごらん」とか「ネットでいっしょに調べてみようか」と手段を教えて、自分で調べられるようになったら、**「よく調べられたね」「よく知ってるね」**とほめてあげます。

　国語の音読や漢字の練習など、女の子が得意とすることを男の子は苦手とします。

　しかし国語は基礎科目ですから、退屈であっても苦手

であってもやらなければなりません。

　男の子の場合は、特にほめて興味と自信をもたせることが大切です。

「声が大きいね」「元気よく読めたね」「句読点ではっきり区切って読めてるね」「難しい漢字が書けるようになったね」「漢字の成り立ちまで知ってるの、すごい」など、どんどんほめて乗せることです。

　女の子と比べて成長が遅くとも、親はゆったりとした気持ちで、子どもの成長を信じて待つことが大切です。

> ポイント
> **男の子は興味・関心をもっていることを
> ほめて伸ばす**

女の子をほめる

　女の子は、ある時期の男の子のような急成長を見せませんが、コツコツ地道に努力でき、着実に伸びていけるのが特長です。

　しつけの行き届いた女の子は、学力も高くなります。家事を手伝ったり、行儀よく振る舞ったりする中で、さまざまな問題に対処して解決できるようにもなります。

　ですから、お手伝いの仕方にも注目して、**「お皿がきれいに並んでるわね」「お料理、手伝ってもらうとおい**

第4章　子どもに合わせたほめ方

しくできるわ」と具体的にほめましょう。

　また、礼儀作法も、「**とってもお行儀よく振る舞えたね**」「**どこに出しても恥ずかしくないわ**」などと、ほめてあげましょう。

　また、女の子は物事に対する感受性が繊細で、感じたことを表現する力も豊かです。

　親はその気持ちに寄り添い、受け入れることでその感受性や表現力を伸ばしていくことができるでしょう。

　本に感動しているようであれば、「**ほんとにいい本ね**」「**お母さんも泣けてきたよ**」と共感してあげます。

　絵を「**きれいにかけたね**」「**色の使い方がいいね**」、作文を「**よく見て書けたね**」「**自分の気持ちがよく書けてるね**」などとほめてあげます。

　女の子は些細なことでもほめられると、とても喜びます。特に、目立たないで真面目に努力している子は、「**ノートをていねいに書いてるね**」「**姿勢がいいね**」「**そうじをいつもきちんとしているね**」など、その子にとってもまわりの人にも、当たり前のようなことをほめてあげるとよいでしょう。

　いつもきちんとしている子は意外とほめられていないものですから、大きな励ましとなります。

ポイント

女の子は地道にできていることをほめて伸ばす

2　子どもの立場を考えてほめる

　きょうだいには年齢の上下関係があり、それぞれ立場が違います。

　弟の前で兄ばかり叱れば兄がひどく傷つくこともあるでしょうし、弟の前で兄ばかりがほめられて弟がねたむこともあるでしょう。

　ほめるのも叱るのも愛情ですが、それが偏らないように、きょうだいの立場を考慮した上で、ほめ方も工夫する必要があります。

きょうだい（兄弟姉妹）としてほめる

　家庭の中で子どもどうしが仲がよいと、家庭が明るく温かなものになります。

　きょうだい仲がいいのは理想的ですが、たまにきょうだいゲンカがあったとしてもあまりマイナス評価はしない方がいいでしょう。

　「あなたたち、またケンカしてるの」「仲が悪いのね」と叱ると、子どもはきょうだい仲が悪いというイメージが強く残り、関係が悪化します。

　きょうだいゲンカがあれば、双方、どこがよくなかっ

たのか訳を聞いてやり、反省させ仲直りをさせます。そうすれば、友だちと接するときの人間関係、コミュニケーション能力の成長の機会となります。

しかし、ケンカはない方が望ましいので、親はきょうだいが仲よくしているときを見つけてほめてあげるといいでしょう。

仲よく食べ物を分けあっているとき、遊んでいるとき、いっしょにお手伝いをしているときに、「**仲よくできたね**」「**よく協力してできたね**」「**あなたたちは仲がいいね**」などと肯定的に評価してあげます。

子どもが複数いると、どうしても比較してしまうのですが、どちらか一方をほめるときに、比較してほめるのは（叱るのも）、あまりよくありません。
「お兄ちゃんはダメだったけど、あなたはよくできるわね」というようなほめ言葉には、ほめられた方は気まずくなり、ほめられない方は自分を否定されているようで、イヤな気持ちになります。

比較されると、優越感やひがみの感情も生まれ、きょうだい関係を微妙にゆがめることにもつながるのです。

きょうだいのうちの一人をほめるときには、他のきょうだいをおとしめることなく、それぞれのよいところを一つずつほめるとよいでしょう。
「**お兄ちゃんは算数が得意で、あなたは国語が得意なのかしらね。同じきょうだいでも人間って得意なことが違うものなのね**」

このように双方のよいところを認めてあげるとよいでしょう。

> **ポイント**
> **それぞれの子のよいところをほめる**

上の子をほめる

上の子が、弟や妹の兄や姉であるという自覚をもっていることは大切です。

上の子が「自分は年長者だから、弟や妹を守ってあげよう、いろいろと教えてあげよう」という自覚をもって世話を焼いてくれれば、親の子育てはいっそう楽になります。

上の子は下の子の面倒を見ることで、より成長します。

でも、うまくいかなかったときに、「どうしてちゃんと面倒見てあげなかったの？」「お兄ちゃんのくせにダメじゃないの」と、下の子の前で叱るのは、上の子のプライドをひどく傷つけます。劣等感を植えつけられて、年長者としても立場がなくなります。

私の教え子に、年子の兄弟がいました。兄は勉強も運動もよくできる子でしたが、弟はその兄よりもさらによくできる能力の高い子でした。自分より優秀な弟がいる

と兄としては何かとやりにくいし、劣等感をもちやすいものです。ところが、その兄弟はとても仲がよかったのです。

それは、たぶんご両親が学校の成績では弟に劣る兄を上の子として尊重していたからではないかと思います。「あなたの成績がいいのは、**お兄ちゃんのおかげでもあるのよ。お兄ちゃんは初めていろいろなことをして失敗するけれど、あなたはお兄ちゃんのその失敗も見ているから、うまくいくことが多いのよ**」。弟はそう言われてきたそうです。

上の子が上の子として自覚をもてるようになるには、親が何かにつけて上の子をたてた方がいいでしょう。**「さすがお兄（姉）ちゃんだね」「弟や妹の面倒をよくみてあげられたね」「お兄（姉）ちゃんに任せてだいじょうぶだね」**などとほめてあげることで、上の子の自覚は促されていきます。

> ### ポイント
> **上の子をたてる**

下の子をほめる

初めての子（上の子）が生まれたときは、親も子育てが初めてなので、うれしい半面いろいろな気苦労があ

り、多くのエネルギーや時間を使います。

 下の子の場合には、上の子の子育て経験があるので、親にも慣れが生じます。

 上の子のときは写真やビデオをたくさん撮ったのに、下の子のときはそれほどでもない。上の子のときは、服もベビーカーも何もかも新しかったのに、下の子のときは上の子のお下がりを使うこともあるでしょう。

 下の子はそういう物質的なことを不満に思うことがあるでしょう。でも、それによって親の愛情が平等でないと感じさせてはいけません。

 「あなたも大切な子なのよ」ということを、言葉や行動で示してあげるとよいでしょう。上の子にしてあげてよかったと思うことは、下の子にもしてあげるとよいでしょう。

 逆に、上の子は下の子が生まれると、親の愛情が下の子ばかりに向いているのを感じて寂しい思いをすることが多いものです。

 親が自分には厳しいのに、下の子には甘いのを感じると反発心が起こります。そのため、わざといたずらや乱暴な言葉を投げつけて親の注意を引こうとすることがあります。

 こういうとき頭ごなしに叱りつけても、上の子の思いは満たされません。

 それよりも、上の子には、「覚えていないかもしれないけど、小さい頃、あなたもこんなふうにしてもらった

のよ。あのときは、初めてだったからお母さんもドキドキワクワクしてたよ」と教えてあげると、いくらか親の愛情に気づくでしょう。

親は下の子が生まれたら、きょうだい（兄弟姉妹）への愛情のバランスを考え、できるだけ両方を認め、ほめるようにすることを心がけた方がよいでしょう。

「お兄ちゃん（お姉ちゃん）の言うことをよく聞いているね」「お兄ちゃん（お姉ちゃん）のいいところを真似したね」などは、上の子、下の子を一度で両方ほめることのできる言葉です。

> **ポイント**
> **愛情を公平に分け与える**

一人っ子をほめる

子どもが一人だと、親の愛情はおのずとその子に集中します。

子どもは家庭の中で接する人が親だけに限られるので、親への依存が強くなる傾向があります。

親がわが子を愛するのは大切なことです。でも、子どもを溺愛して甘やかし過ぎないようにしなければなりません。

子育ての目的は、子どもが社会の中で自立していける

ようにすることです。

　いつまでも親に依存して自分では何もできない子ではなく、たとえ困難があっても自分で道を切り開いていけるようなたくましい子に育つことが将来の幸せにつながります。

　たとえば、着替えやかたづけなど、子どもが自分でできることは、あまり手を貸さないで、時間がかかってもなるべく自分でやらせた方がいいでしょう。

　そして、**「ひとりでできたね」「自分でやれたね」**とほめてあげましょう。

　また、一人っ子はきょうだいで遊んだり、助けあったり、物を分けあったり、助けあったり、ケンカをしたり、仲直りしたりする機会がありません。

　ですから集団の中でも、子どもどうしで遊んだり、コミュニケーションを取ったりすることができるように親が気を配るべきです。

　たとえば、親戚の子や近所の友だちとも積極的に関わりをもたせるようにすることで、人間関係の幅を広げることができるでしょう。

「仲よくできたね」「いっしょに遊べたね」と他の子もと関わりをもてたことを親が積極的にほめるとよいと思います。

　他にも、親の考え次第で、たとえば次のような機会をつくり、子どもに貴重な経験を味わわせることができるでしょう。

もちろん先方の保護者と話しあった上でのことですが、わが子と仲のよいクラスメートや親戚の子を夕食にさそってあげること。

　その子を休日の前にあずかり、一晩わが家に泊めてあげること。

　さらには、よその子をあずかるだけでなく、逆にわが子をよその家にあずかってもらうこと。

　親から離れて、よその家に泊まるだけでも、自立への大きな一歩です。

　そういう機会があれば、「**ひとりでよその家に泊まってもだいじょうぶだったね**」「**大人になったね**」とほめてあげることができます。

　子どもは、子どもによって磨かれていきます。

　子どもどうし、ふれあい、磨きあうなかで、社会性を身につけ、たくましく生きる力をつけていくのです。

ポイント

自立心を育てる

3 発達段階に合わせてほめる

 当然のことながら、子どもは日々、成長しています。変化していく子どもに対する親の対応は基本的には変わらないにしても、個々の子どもの発達・成長を考慮した上で、子どもとの接し方、ほめ言葉を微妙に変えていくことも必要です。

乳児期（0歳〜1歳半くらいまで）

 赤ちゃんにとっては、おっぱいを飲むこと、寝ることすべてが大切な生きる営みです。その際、赤ちゃんは、親の助けなしには何ひとつできないので、泣くことで自分の欲求を表現します。お腹が空いた、オムツがぬれて気持ち悪い、熱があるときなど、その度に赤ちゃんは、泣いて訴えます。
 お母さんがその欲求に愛情をもって応えてあげれば、赤ちゃんの心は満たされ、泣くのをやめます。そんな毎日繰り返される親子のやり取りを通して、赤ちゃんはお母さんへの信頼を深めていきます。
 こうして、自分がどれくらい愛されているかを赤ちゃんは敏感に感じとっていきます。この時期に、赤ちゃん

にたっぷり愛情をもって応えてあげることが、親や自分をとりまく人への信頼感をつくるのです。

おっぱいを飲んだ。笑った。手を握り返してくれた。うんちをした。

そんな子どもの行為をすべて受け入れ、「**お乳をいっぱいのんだね**」「**かわいいね**」「**手を握ってくれたね**」「**うんちもたくさんしたね**」などと喜んであげましょう。

はじめて寝返りができた。はじめて立てた。そんな小さな成長を見逃さず、「**わあ、よくできたね**」「**じょうずだね**」「**うれしいよ**」と親子で思いっきり喜ぶといいでしょう。

赤ちゃんは、それによって、「親といっしょにいると楽しいな、うれしいな」「自分は喜ばれているんだな、愛されているんだな」と感じます。

そういう思いが、子どもの心に自己肯定感、そして生きる意欲や喜びを育てていくのです。

> **ポイント**
> **愛情をもって包みこむようにほめる**

幼児期前期（1歳半〜3歳くらいまで）

この時期の子どもは、ヨチヨチ歩きができるようになったり、自分でいろいろとやりたがるようになり、言葉

を覚えて発したりするようになります。特に言葉の数は個人差があるものの急速に増します。

その半面、自己意識が強くなり、これまで親の世話に頼りきりだった子が、ムリな自己主張や「イヤイヤ」が多くなってきます。また、いたずらもし、ちょっとしたことを自慢したり、気に入らないと泣いたり、かんしゃくを起こしたりすることがあります。

親もこれまで通り「かわいい、かわいい」と手放しで許すことはできなくなり、叱ることが多くなりがちです。

しかし、この時期の子どもは、生まれて初めて見たり触れたりするものに対して好奇心が旺盛ですし、何でもかんでも親にしてもらうのではなく自発的に活動しようとしているのです。こういう傾向は、この時期の子どもが正常に発育している姿です。

それを「これはダメ」「あれもダメ」「あなたはダメ」と抑えつけて、親の言うことを聞かせようとすると、意欲、やる気の乏しい子になってしまいます。

また、体罰を加えて厳しく叱りつけると、親子関係が損なわれる危険があります。

危険なことや人にめいわくをかけるようなことは、すぐに叱ってやめさせなければなりませんが、実際は叱らなくていい場合が多いものです。

たとえば、子どもがダダをこねたり、泣いたりするのは、自分の要求を通したいというより、親に甘えたいと

いう気持ちが強いのです。そんなときは、抱きしめてあげて、「どうしたのかな？」「○○がほしいんだよね」とまず、その気持ちを十分に受けとめてあげます。そして、無理な要求なら「でも、もうちょっとがまんしようね」「よくがまんできたね」などとがまんさせるのです。

子どもは親に愛されている、大事にされている、という安心感があり、親への信頼があれば、自分を律し、がんばろうとする意欲をもてるようになります。

日頃から笑顔で、「**大好きだよ**」「**あなたはお母さんの宝物だよ**」「**いつもあなたの味方だよ**」というメッセージを発し続けていることで、親子のよい関係が築かれていきます。

> **ポイント**
> たっぷり甘えさせるようにほめる

幼児期後期（3歳〜6歳くらいまで）

この時期の子どものほとんどは、幼稚園や保育所に通うようになります。家庭以外の集団の中で過ごす時間が多くなるのです。

子どもは、集団生活を通してさまざまなことを経験し、社会性を育てていきます。

幼稚園の先生や保育士さんとの関わり。年上の子、年

下の子、同じ年齢の多くの子どもとの関わり。子どもには、楽しくうれしいことが多い一方で、とまどい、悲しい経験をすることもあるでしょう。

そんな子どもにとって、親はいつも自分を守り、励ましてくれる存在でありたいものです。親のいる家庭はいつも「安らぎの場」であり、「外の世界から帰る場」であるという安心感が、いつも子どもの心にあることが大切です。

そうであれば、一人では不安なことやイヤなことがあるかもしれないけれど、親がいっしょにいなくても、子どもは元気を出して、外の世界に出かけ自分の世界を広げていけるのです。

親は、子どもによい友だち関係ができるように、**「お友だちと仲よくできたね」「ケンカしても、ごめんが言えたね」「すぐに仲直りできてよかったね」**とほめてあげましょう。

また、幼稚園の先生や保育士さんにもより親しめるように、**「先生のお話をよく聞いて帰ったね」「先生に教えていただいたこと、きちんとできるね」「先生も〇〇ちゃんのこと、好きなんだよ」**などと、その関係をほめてあげるとよいでしょう。

> **ポイント**
>
> 家族以外の人ともコミュニケーションが
> とれるようにほめる

小学校低学年(6歳〜8歳くらいまで)

　小学校に入学すると、子どもはたくさんの新しい知識や技術を習いはじめます。

　次々と新しいことを勉強するのは、不安はあるものの喜びでもあり、この時期、ほとんどの子どもは好奇心をもって楽しんで学習ができます。

　しかし、一方、その学習したことをテストの点や他人との比較で、評価されることもわかりはじめます。

　そのため、自分の得手、不得手も意識するようになり、人よりうまくできないことに対しては、苦手意識をもち消極的になるものです。

　そういう子どもに対して、安易に親が「もっと早くできないの」「どうしてこんな簡単なことを間違えるの」「もっとがんばりなさい」などと言うだけであれば、ますますその勉強を苦にするようになるでしょう。

　この時期の子どもには、勉強やスポーツは楽しいもので、続けて努力していけば必ず成果があがることを経験させ、その喜びを十分に味わわせたいものです。

　ですから、苦手なことに努力して取り組んでいるときは、**「よくやってるね」「だいぶうまくなってきたね」「前よりずいぶんできるようになってきたね」**などとほめてあげるとよいでしょう。

　そうすれば、子どもには努力しつづける意欲が湧いて

きます。

　時間がかっても課題をやりとげたのであれば、「**おみごと！**」「**ベリーグッドだよ**」「**最後までよくがんばったね**」などと、ほめて喜んであげるとよいでしょう。

　であれば子どもは、たとえ困難があっても努力しつづければ、自分の目標や夢が叶うことを深い喜びを味わいながら知るようになるでしょう。

> **ポイント**
> 学校生活は楽しいものだと実感できる
> ようにほめる

小学校中学年（8歳〜10歳くらいまで）

　小学校中学年は、ギャングエイジと呼ばれます。
　子どもたちは急速に仲間意識が発達し、多くは同年齢の子と閉鎖的な小集団をつくって遊びや活動をすることを喜びとするようになります。友だちと集まって野球やサッカーをやったり、いたずらをしたり、大人の目から離れて、子どもたちは自分たちで考え、相談してルールをつくり、群れて遊ぶようになるのです。
　いろいろな人と関わる力を身につける上で、この時期に友だちとたくさん遊ぶ経験は大切です。
　この仲間は、家族以上に大きな影響をもつこともあ

り、大人から干渉されない自分たちだけの集団であることを望みます。

親は、多少心配かもしれませんが、子どもたちの自立を見守ってあげればよいと思います。

友だちとのケンカやトラブルが多くなる時期ですが、それらを通しても子どもは成長していけるものです。

ケンカをして自分から謝れたら、「**よくごめんなさいが言えたね**」「**すぐに仲直りできたね**」などとほめてあげるとよいでしょう。

また、この時期は学力差がつきやすく、学習面・運動面などの自分の得手不得手も自分でわかってきます。

子どもには不得意なことを指摘するよりも、得意とすることを見つけてほめてあげるとよいでしょう。

「**算数の計算、速くなったね**」「**難しい漢字が書けるようになったね**」「**社会の調べ学習でたくさん調べられたね**」「**○○が得意だね**」

子どもは、ほめられたことで意欲的になり、好きになっていきます。そして、多くの場合、自分はやればできるんだという自信が育ち、他の不得意なものへの克服にもつながっていきます。

ポイント

得意なことを見つけてほめる

小学校高学年（10歳〜12歳くらいまで）

　特に女の子は顕著ですが、おおむね小学校高学年から思春期がはじまります。

　子どもは自分自身の存在を問い、将来の自分について希望や不安をもち、その答えを見つけるために悩むようになります。加えて体に性的な変化が急激に起こり、そうしたことも子どもの好奇心や不安をあおります。

　こうした心身の変化は、早ければ小学校高学年、普通は中学生頃に起こります。精神的にも混乱する中で、自立への道を切り開かねばならないのが思春期です。

　親がとるべき理想的な態度は、子どもを信じて見守るということです。

　思春期（反抗期）に入った子どもをガミガミ叱っても、子どもは反発するだけで効果はありません。この時期に子どもは、権威のある人よりも、自分が好きで、尊敬できる、信頼できる人の意見しか聞かないようになっていきます。ですから、それまでにどのような親子関係を築いてきたかが、とても重要なのです。

　子どもを理解するために子どもの話をよく聞くことが大切です。

　親に反発するのは、自立心の表れです。素直になれない自分にいらだち、もがきながらも成長しようとしているのです。

ですから、生意気なことを言っても、頭ごなしに叱りつけないでください。叱るときには、感情的にならず、その行動の悪いところについて短く諭します。

　子どもは、自分が親から愛されていることを感じられれば、きっと聞き入れます。

　また、子どもの話で共感できることには日頃から、**「なるほど、そうね」「その通りね」**と言ってうなずいて聞いてあげます。

　その中で**「そうね、あなたはそう思ってるの」「その考えはいいね」「大人になったね」**と肯定してあげることです。

　そうすることで、**「あなたが好きなんだよ」「大切に思っているよ」「信頼しているよ」**という気持ちが子どもに伝わるようにするのです。（これらの言葉は、子どもが大きくなると親も言いにくくなるので、小さいうちから事あるごとに言っておくとよいでしょう）

　その気持ちが伝われば、一時的に反発していても、決して親への信頼を失うことはないでしょう。

　思春期に入りかけ、子どもの心が揺れ動くこの時期、親は子どもを信じ温かく見守ってあげることが何よりも大切です。

ポイント

子どもの行動を叱っても、人格は信頼し温かく見守ろう

第5章

ケース別ほめ言葉集 I

存在・行動・外見のほめ方

第5章からは、知っておきたい「ほめ言葉」をご紹介します。
　厳密には、ほめ言葉ではないものがありますが、子どもに親の愛情を示したり、子どもとの関係を良好にしたり、子どもを伸ばしたりできる言葉です。
　子どもの存在をまるごと受け入れて肯定する言葉は、子どもに、親から愛されていることを強く実感させます。小さいうちから何度も言ってあげたい言葉です。

1．子どもの存在をまるごと受け入れる

> 大好きだよ

　子どもは親から愛されていると感じられれば、自分自身に心の安らぎをもちます。
　親から自分が好かれていると感じる子どもは、自分自身を好きになれます。
　親の気持ちは言わなくても子どもはわかっていると思いがちですが、はっきり言ってあげなければ伝わりません。
　それに子どもは何度でも聞きたいのです。
「おまえが好きだよ」「とっても好きだよ」「大好きだよ」と。
「大好きだよ」は、子どもを笑顔にする魔法の言葉です。

> 宝ものだよ

　子どもは親からどう思われているか、とても気になります。

　自分はダメな子で、親から嫌われているのではないかと思うと、ひどく落ち込みます。

　親が子どもをどれだけ大切に思っているかを、やはり言葉で伝えましょう。

「あなたはお母さんの宝ものよ」
「お父さんの宝ものだよ」
「大切な宝もの」
「一番の宝ものだよ」

　子どもに安心感を与え、子どもの自尊心を育てていきます。

> 生まれてくれてありがとう

　悲しいことに、ある子どもは自分が誰からも愛されていないと思うとき、「生まれてこなければよかった」と悲観することがあります。

　でも、これは親の愛情の伝え方、言葉のかけ方によって解決できることです。

　子どもが誕生したときのことを思い出してみましょう。

親は身体がふるえるほどの感動をもって喜んだのではないでしょうか。

　その小さな命の輝きに目を見張り、うるませ、あふれるほどの愛情をもって抱きしめたのではないでしょうか。

　子どもをまるごと受け入れ祝福するためにも「誕生日おめでとう」「生まれてくれてありがとう」は、1年に1度は言いたい言葉です。

いつもあなたの味方だよ

　子どもは自分を応援してくれる人がいてこそ、安心して、成長していけます。

　たとえ、自分が間違っても許してくれる、自分がいじめられても守ってくれる、そんな人がいれば子どもはさまざまな不安や恐れを乗り越え生きていけます。

「いつもあなたの味方だよ」

「お母さん、お父さんは、どんなことがあっても味方だよ」

　そんなメッセージは、子どもに安心感を与え、生きる力を与えます。

　親の愛を感じながら、失敗を恐れずに積極的に生きていけます。

> あなたが誇らしいよ

ときどき、親が言ってあげたい言葉です。
「親としてきみが誇らしいよ」「きみの親でよかったよ」
きっと子どももこう思うでしょう。
「ぼく（わたし）も、お母さん、お父さんの子でよかったな」
「お父さん、お母さんの子で誇らしい。そして、うれしいな」

> 信じてるよ

　人間には、人から信じてもらうことが必要です。
　自分の言ったことを信じてくれる人が必要です。
　自分のしたことを信じてくれる人が必要です。
　自分は信じられていると感じることが必要です。
　だから、ちゃんと言葉で聞きたいときがあります。
「信じてるよ」「おまえを信じてるよ」って。
　自分を信じてくれる人がいれば、人は自分も他人も信じることができます。
　それが自信になり、信頼になります。

> 運がいいね

　運がいい人は、どんなときも自分は運がいいと考えています。
「おかげさまで、いつもいいことが起こる」
「このピンチを通して、きっと道が開けてくる」
「今日も、ラッキーだなあ」
　常日頃からそう考える人は、どんな状況にあっても、それをプラスに考えます。
　そして、感謝の気持ちを忘れません。
「運がいいね」とは、ことあるごとに子どもに言ってあげたい言葉です。

生まれたこと、それだけで、「運がいいね」と言っていいのです。

> **あなたのままでいい**

神様は一人一人の人間を違う存在、ユニークな存在にお創りになりました。
この世に誰ひとりとして同じ人間はいません。
私たちはほかの人とはまったく違う存在です。
誰でもその人らしいよさをもっています。
人と同じようにできなくてもいいのです。
人と違っていていいのです。
「違っていていい」「そのままでいい」「あなたのままでいい」
互いの違いを認めあうことで、豊かな心が育ちます。

2．行動をほめる

> がんばったね

　日本人は「がんばる」という言葉が好きです。
　親も子どもを激励しているつもりで「がんばれ」という言葉をよく使います。
「がんばれ」は、「あなたに注目しているよ。応援しているよ」というふうに聞こえるときは、うれしいものです。
　でも、ほとんどの場合は、すでにがんばっているのによい結果が出ず、「もっとがんばりなさい」という意味を込めて使われます。
　そういうとき、子どもは、「ああ、自分なりにがんばってきたのになあ……。がんばっても、どうせ次もまた、もっとがんばれって言われるに違いない」と考えてがんばる気持ちがなえてしまうのです。
　ですから、できるだけ「がんばれ」よりも「がんばったね」を使ってほしいのです。
　親は子どものがんばったことを認めて、「がんばったね」と喜ぶことで、子どもはやる気になれます。
　子「ねえ、お母さん、かけっこで２等になったよ」
　親「よかったね。がんばったんだね。お母さんもうれしいよ」
　子「うん、この次もがんばるよ」

親の「がんばったね」は、「がんばれ」以上に子ども を励まし、自信をもたせ、やる気にさせます。

> **できるようになったね**

親が子どもを計るには、2つのモノサシが必要です。

1つは、同じ年頃の子どもたちとの比較から発達の程度を知る「比較のモノサシ」。

もう1つは、その子ども自身の成長の度合いを計る「成長のモノサシ」です。

「比較のモノサシ」ばかりで子どもを計っていると、親は「他の子はみんなできるのに、うちの子はまだできない」と不安になるものです。

それを子どもに「できないのは、あなただけよ」などとぶつけてしまうことがあります。

ですから、もう1つの「成長のモノサシ」で子どもの成長を計り、子どもの成長を子どもも親も確認しましょう。

昨日までは洋服のボタンがひとりでできなかったのに、「できるようになったね」。

数ヶ月前までは、すらすら読めなかった本なのに「上手に読めるようになったね」。

自分の成長を認められた子は、自信とやる気が養われ、どんどん伸びていきます。

> いつも……だね

　子どもが望ましい行動をとったときに、「めずらしいわね」「たまたま100点取れたのよね」というように言っていないでしょうか。
　子「お母さん、国語のテストで90点取れたよ」
　親「おや、めずらしいわね。たまたま、やさしい問題だったんじゃないの。クラスの平均点は何点だったの？」
　これでは、せっかく喜んでいる子どもはがっかりして、やる気をなくしてしまいます。
　望ましい行動をしたときには、「いつも……だね」を使うのです。
　子「お母さん、国語のテストで90点取れたよ」
　親「よかったね。いつもよく勉強してるからね。次もまたいい点取れると思うよ」
　子どもは、そんなに毎日よく勉強しているとは思わないものの、ほめられてますますやる気になります。

> ひとりでできたね

　大人に簡単なことでも、子どもには難しいことはたくさんあります。
　最初は誰かに手伝ってもらわないとできないことがほ

とんどなのです。
　それをひとりでできるようになったのは、子どもの成長です。
　ひとりでできたことは、嬉しいことです。
「ひとりでできたね」「ひとりで行けたね」「ひとりで最後までやれたね」
　ほめられると、さらに自信がつきます。

第5章　存在・行動・外見のほめ方

> 早いね

「早く、早く」が子どもをグズにします。
「早く、早く」とせかされると、(自分は遅いんだな、グズなんだな)と子どもは思い込みます。
　そして、しょっちゅう「早く、早く」と言われる自分がイヤになります。
「早く、早く」と言いたいときは、むしろ、「早いね、早いね」と言った方がいいのです。
「早いね、早いね」は、子どもを機敏にします。
「早いね、よくできてるね」と聞くと、(これでいいんだな)と子どもは安心します。
　そして、自信をもって行動できます。
　同じ行動なら、前より早く、もっとよくできるようになります。

> だいじょうぶ

　子どもは新しいことが好きです。
　でも新しいことをするのがちょっとこわいのです。
　だから「だいじょうぶ」って言ってあげましょう。
「きみならできるよ、だいじょうぶだよ」
　子どもは何でもやってみたいと思っています。
　でも失敗するのがちょっとこわいのです。

だから「だいじょうぶ」って言ってあげましょう。
「失敗してもいいよ、だいじょうぶだよ」
きっと勇気をもってチャレンジできます。

> おみごと！

子どもって自信がありません。
良いのか悪いのかも、自分ではよくわからないのです。
でも、ほめてもらえたら、わかります。
ちょっとでもうまくいったら、「おみごと！」。
またうまくいったら、「おみごと！」。
「おみごと！」たった一言で、うれしい。
「おみごと！」たった一言で、自信が生まれます。
「おみごと！」たった一言で、やる気が出てきます。

> よく調べたね

「へー、よく調べたね」
　そうすると、調べるのが苦でなくなります。
「もう調べたの。早い」
　そうすると、すぐ調べるようになります。
「こんなにたくさん調べたの。すごい」
　どんどん調べるようになります。
　そのうち調べることが好きになります。
　子どもは調べることで技能や知識が身につき、どんどん賢くなれます。

> 10（テン）カウントまでに起きられたね

　朝、決めた時間に起きるのはいいことです。
　その後の一日の計画もうまくいきます。
「パッと起きよう」と言って難しい子には、こう言いましょう。
「10カウントまでに起きよう」
　自分でカウントしながら、10までのうちに起きるのです。
　強いボクサーは、倒れても立ち上がります。
　10カウントまでに起き上がれば、強さの証し。
　そのときは、「10カウントまでに起きられたね」

気持ちよくほめましょう。

> 100回も！

　100という数字は、元気の出る数字です。
「100パーセント、本物です」
「100パーセント、全力を出す！」
　100という数字は、笑顔になれる数字です。
「100回、やった！」
「ぼく、100点取った！」
　もしも、子どもが100回失敗したら、「100回も！　よくチャレンジしたね」って、ほめてあげていいのです。

> ……と思ったんだね

　子どもはよく失敗します。
　プロの教師は、それをとがめません。
「あなたはこうしようと思ったんだね」とその意図を理解してあげます。
「うまくいかなかったようだけど、わかってるよ」と気持ちを理解してあげます。
「心配することはないよ」と励まします。
「ここを直すのにはね……」と教えて導きます。
　すると、子どもは失敗を通しても、グングン成長していきます。

> よかったね

「よかったね」と言ってもらえるだけでよかったなあと思えます。
「よかったね」と言ってもらえるだけでうれしくなります。
　いっしょに喜んでもらうと、喜びが倍になります。

> 感動した！

　子どもといっしょに感動しましょう。

そして、「すごい！ 感動した」って言いましょう。

満天の星。大海のうねり。美しい音楽。

「すごい！ 感動した」って言ってみましょう。

子どもの一所懸命なプレー、絵、工作、作文、演奏、歌、劇、踊り……。

「感動した！」って言える親になりましょう。

> 朝ごはん、食べたね

朝ごはんは、毎日、食べるものです。

できれば、親子で。

「さ、朝ごはん、食べよう」

一日をがんばれるエネルギーがもらえます。

「朝ごはん、ちゃんと食べたね」

この言葉と朝ごはんで、一日を笑顔でがんばれるエネルギーがもらえます。

苦手なものも食べられたね

　食べ物に好き嫌いがある場合は、無理に食べさせるよりも、料理を工夫し食べやすくすることです。
　そして、食べられたら、「嫌いな野菜、食べられたね」「苦手なものでも、食べられたね」とニコニコほめてあげましょう。
　苦手なものもだんだん食べられるようになってきます。

読書っていいね

　本が好きな子は、将来伸びます。
　本を読む子は、日々成長していきます。
　本を読むと、集中力がつき、知力が増し、考える力が養われるのです。
　子どもが本を読んでいるときに、そっと言ってあげましょう。
「読書っていいね」「本っておもしろいね」「楽しそうに読んでるね」
　どんどん本が好きな子になっていきます。

> ていねいに書けたね

　ていねいに文字を書く習慣がついている子は、確かな学力を身につけます。

　ていねいな学習を積み重ねていくと、子どもの学力は着実に伸びます。

　たとえ、うまい字が書けなくても、だいじょうぶです。

　うまい字を書くより、心を込めて、ていねいに書こうとする態度の方が大事なのです。

「ていねいに書けたね」と、ことあるごとにほめてあげます。

　すると、乱雑に書くクセはしだいに直ります。

> センスいいね

　子どもが絵を描いたときは、ほめるに限ります。
「センスいいね」「いいタッチだね」「この線いいね」「この色きれいだね」「形がいいね」「そっくりだね」「うまいね」
　どんな絵でもほめるところがあります。
　ほめられると、子どもは絵を描くことが好きになります。
　そして、ますますセンスを磨いていきます。

> 成長したね

　子どもは自分の成長を喜びます。
　ひとりでお留守番ができるようになったこと。
　ひとりでおつかいができるようになったこと。
　山登りをしても、途中で弱音を吐かなくなったこと。
　他の子の世話ができるようになったこと。
「成長したね」「たくましくなったね」
　その言葉を聞いて、よりいっそう自分の成長を自覚できます。

> 感心ね

「あら、自分からすすんで〇〇するなんて、めずらしいわね。どういう風の吹き回し？」「へえ、100点だったの。今度のテストは簡単だったんだね」

　こんなイヤミを言われれば、子どものやる気がしぼんでも仕方ありません。

「あら、自分からすすんで〇〇できて、感心ね」

「今度のテストではがんばったのね。よく勉強していたからね。感心だわ」

　親が素直にほめてあげれば、子どももそれを受けとめ、素直にやる気を出せるようになります。

> しっかりしてきたね

　未熟な子どもも、教えれば、しっかりとおつかいができたり、電話での受け答えができたりします。
「しっかりしてきたね」とほめてあげることで、自信をもち、ますますしっかりとするようになっていきます。

> いいことしたね

　子どもが何かいいことをしたら、ほめてあげましょう。
　たとえば、バスでお年寄りに席をゆずってあげたら、「いいことしたね」「お母さんも、うれしかったよ」と伝えましょう。
　親切や善行を人前でおこなうのは勇気がいるものです。
　でも、ちょっとした親切や善行が人を幸せにすることを伝えると、さりげなくできるようになっていきます。

> 喜んでもらえたね

　何かよいことをするのは、人に喜んでもらうためです。
　電車でお年寄りに席をゆずるのも、それがお年寄りを

ハッピーにするからです。

そんなとき、「あのおばあちゃんに、喜んでもらえたね」とほめてあげましょう。

> 光ってたよ

大勢の中で、みんなが同じことを同じようにしていても、自分を見ていてほしいと子どもは願うものです。
「キラリと光ってたよ」「一番輝いてたよ」
わが子のよさを見つめる親には、わが子が誰よりも輝いて見えるものです。

3．見た目や外見をほめる

> かわいいね

「かわいいね」は、特に女の子に言ってあげたい、女の子が喜ぶ言葉です。

女の子は、幼児であっても自分の容姿や外見がどう思われているかに敏感です。

「きれいだね」という言葉もよいのですが、年下の女性や子どもは「かわいいね」「愛らしいね」という言葉を聞いて喜びます。

容姿だけでなく、ちょっとした振る舞い方、所作にも使える用途の広い言葉です。

「かわいいね」と言われた子どもは、かわいらしく育つものです。

> かっこいいね

「かっこいいね」は、男の子、女の子、両方に使えます。

特に、男の子は「かっこいい！」と賞賛されるとうれしいものです。

「かっこいいね」は、容姿だけではありません。

行動の潔さ、勇敢さなどに好感をもてるときにも使えます。

「かっこいいね」と言われると、子どもは自信がもてるようになります。

> ステキだね

「ステキだね」って言われると、たぶん子どもは照れちゃいます。
「ステキだね」って言われると、本当はうれしくなります。
「ステキだね」って言われると、また言われたくなります。
「ステキだね」って言われると、自分を好きになれます。
「ステキだね」って言われると、言ってくれたその人をもっと好きになります。

> 姿勢がいいね

　心がまえは姿勢に表れます。
　姿勢がいいときは、心がまっすぐで真摯になれます。
　姿勢がいいと、頭もさえるし、健康的です。
　特に、机に向かっているときに「姿勢がいいね」と言ってあげましょう。
　勉強中にいい姿勢を保てると、成績もよくなります。

> 笑顔がいいね

　笑顔であいさつをされるとうれしいものです。
　笑顔で話しかけられるとうれしいものです。
　笑顔はまわりの人をハッピーにします。
　子どもの笑顔も、家族をハッピーにします。
「笑顔がいいね」「いい顔してるね」と言ってあげましょう。
　その子も、あなたも、二人とも笑顔になれます。

> 元気だね

「病は気から」と言います。
「おはよう」とあいさつを交わしたあとに、「どうしたの？　元気ないね」「顔色悪いよ」などと言われると、たいていの人はそうかもしれないなと思ってしまうものです。
　でも、少しくらい体調がすぐれなくても、「元気そうだね」「今日も元気だね」と言われると、今日もがんばれそうな気になります。
「元気な声だね」「元気のいいあくびだね」「朝から元気な食べっぷりだね」
　特に朝エンジンがかかりにくい子どもには、肯定的な言葉をかけた方がよいでしょう。

> 一所懸命だね

　一所懸命に物事に取り組むことは、自分の能力を伸ばす上で大切なことです。
　それに、人は一所懸命に取り組んでいる人を応援したくなります。
「一所懸命だね」「一所懸命にやってるね」
　たとえ結果が伴わなくても、一所懸命にやる姿勢だけで、もっとほめられていいのです。

> よく似合うよ

　かっこいい服やお気に入りの帽子を身につけているとき、「よく似合うよ」と言ってもらえるとうれしいものです。
　自分のセンスもほめられたような気になります。
　初めてメガネをかけてちょっと気がひけるときに「かっこいい、よく似合うよ」と言ってもらえると、うれしいものです。

第6章

ケース別ほめ言葉集 II

能力・人間性・人間関係のほめ方

子どもの能力を伸ばしたり、人間関係を良好にしたりするには、ほめ言葉、肯定的な言葉、感謝や癒しの言葉が欠かせません。第6章では、おもにそんな言葉をピックアップしました。

　最後には、なんでもない言葉ですが、日常生活のちょっとしたあいさつや言葉かけなどを「子どもが喜ぶ言葉、子どもを伸ばす言葉」として収録しています。これらも、厳密にはほめ言葉ではありませんが、人間関係を良好にし、よいコミュニケーションを取っていくためにも大切な働きをする言葉です。

　できるだけ日常生活の中で使っていただければと願っています。

1．能力をほめて伸ばす

> いいね、いいね、とってもいいね

　子どもは、ほめられたら伸びます。
　子どもの能力は、ほめて伸ばしましょう。
「いいね、いいね、とってもいいね」
　子どもの笑顔が生まれます。
　子どもの自信が育ちます。
「いいね、いいね、とってもいいね」
　子どものやる気が出てきます。
　子どもの瞳が輝いてきます。

> 今日もできたね

　子どもって、ガマンがきかないものです。
　あきっぽいのです。
　おもしろいことならいくらでもしますが、そうでなければ、続かないのです。
　でも、ちょっとキツイけどやらなきゃいけないことって、ありますよね。
　だから、続けてやって最後までがんばったら、それだけでほめていいのです。
「今日もできたね」
「今日もやれたね」
　今日の終わりに、笑顔があれば、「また明日もやってみようかな」って思えます。

> すごい！

　子どもがしていることをほめましょう。
「すごい！　すごいね」と驚いてあげましょう。
　子どもがしていることをほめましょう。
「すごい！　すごいね」と笑顔で言ってあげましょう。
　子どもは、それで自信がつきます。
　自分からやる気を出してできるようになります。

> 強いね

　子どもは、強い人が好きです。
　強い人にあこがれます。
「きみ、強いね」
　そう言われるのが好きです。
「きみ、強いね」
　そう言われると、寒さに負けません。
「きみ、強いね」
　そう言われると、痛さに負けません。
「きみ、強いね」
　そう言われると、自分の弱さを乗りこえられます。
　もっと強い人になりたい。
　子どもの願いです。

> できる？

　できることをほめてあげるために聞いてあげましょう。
「これ、ひとりでできる？」
「そんなのできるよ。カンタンだよ」
「すごーい」
　子どもは嬉しくなります。
「じゃ、これは、できる？」

「それもできるよ」
「わー、これもできるのー。びっくり」
　子どもは自信をつけます。
「じゃ、これもできる？」
「うーん、できる、かな？　ちょっとやってみる」
　子どもはチャレンジしたくなります。

よくお話が聞けるね

　人の話を聞けるのは、素晴らしいことです。幼稚園でも学校でも、多くの場合、先生の話す言葉を通して、情報が伝えられます。
　ですから、聞く力がつけば、集中力も学力も高まっていくものです。
　小さい子ども（とくに男の子）は、聞く力が弱いものですが、ほめることで、しだいに力がついていきます。
　ですから、短い話を最後まで聞けたことだけでもほめてあげましょう。
「最後までよくお話が聞けたね」「先生のお話をよく聞いてるね」「お話する人をちゃんと見て聞いてたね」
　聞く力が着実に育っていきます。

> 大人になったね

　いつまでも子ども扱いしていると、なかなか甘えがぬけきらず自立心が育ちません。
　よそに行ったときのマナーや礼儀作法でも、子どもは大人扱いされた方がきちんと守ります。
　きちんとあいさつができたり、大人が会話しているときに行儀よくしていたりしたら、「しっかりしたお子さんですね」などと、たいていはその家の人がほめてくれるものです。
　後で、親も「大人顔負けに礼儀正しくできたね」「振る舞い方が大人になったね」とほめてあげましょう。
　よその家に行ったときのマナーに自信をもち、これからもきちんと振る舞うようになるでしょう。

> 賢いね

「賢いね」と言われる子はどんどん賢くなります。
　子どもの賢いところを見つけてほめてあげましょう。
　テストで100点を取るだけが、賢さではありません。
　70点でも、一度間違えたところでまた同じ間違いをしないのが賢さです。
　そんなときも、「賢いね」ってほめましょう。
「賢いね」と言われる子は同じミスを何度も繰り返さな

い子になります。

　課題をすぐに終えるだけが、賢さではありません。

　ていねいに書いた方がいいならていねいに書いたり、たくさん調べた方がいいならたくさん調べたり、出された課題の意図を考えてできるのが賢さです。

　そんなときも、「賢いね」ってほめましょう。

　「賢いね」と言われる子は自分の頭で考える子になります。

できるようになるよ

　はじめはできなくて当たり前。はじめからできなくても当たり前です。

「だいじょうぶ、できるようになるよ」

　そう言ってくれる人が子どもには必要です。

　勇気がくじけることがあるかもしれません。

　泣いてしまうこともあるかもしれません。

「でもだいじょうぶ、できるようになるよ」

　そう言ってくれる人が誰にでも必要です。

言われなくてもできるね

　しなければならない宿題。あとかたづけ、お手伝いなど。

　それを自分から取りかかってするのは当たり前のよう

でいて難しいことです。
「言われなくてもできるね」
「おっ、取りかかりがいいね」
　自分からできているとき、ほめると自主性が育ちます。

頭いいね

　子どもは自分の頭のよし悪しはよくわかりません。
　しかも頭のよさを計る一つのモノサシである知能指数というものは、一定の数値ではなく、学習態度や意欲によって伸びていくものです。
　子どもが自分は頭が悪いとかバカだと思い込むのは、マイナスです。
　むしろ、学習に取り組むときは、自分は「頭がいい」「やればできる」と思っていた方がいいのです。
「頭、いいね」「ほんとに頭いいんだね」
　ちょっとしたことでも、そうやってほめられることで、自信をもち、意欲的に取り組めるようになります。
　そして、頭はどんどんよくなっていきます。

自己最高だね

　勉強するときは、自分の記録に挑戦させると意欲も達成感も生まれます。

たとえば、100マス計算をしてタイムを計ります。

これまでの記録よりも1秒でも早くなれば、「やった。自己最高記録だね」と言ってあげます。

水泳で15メートルしか泳げなかった子が25メートル泳げるようになったのも「自己最高だ！」といっしょに喜びましょう。

子どもの達成感や喜びが、次の意欲につながっていきます。

> 完璧だよ

「完璧だよ」「パーフェクトだよ」

何かした後に、こう言ってもらえるとうれしいものです。

すごい自信になります。

小さなことでいいのです。

小さなお手伝いを頼んで、ちゃんとできたら、「完璧にできたね」「パーフェクトだよ」と言ってあげます。

ちょっと苦手な算数の文章題ができたら、「完璧だよ」「パーフェクトだよ」と言ってあげます。

また、がんばろうって気持ちになれます。

> よく気がついたね

よく気がつく子は、物事に興味・関心をもっています。

そして、よく考えます。

子どもが自分の気づきをぽろりと口にしたときがチャンスです。

「よく気がついたね」とほめましょう。

自分で気づいたこと、自分が見つけたことには、子どもはより興味・関心をもち、広げていくことができます。

ほめられると、もっと気づく目が養われていきます。

> 教えてね

　子どもが幼稚園や学校で新しく習ってきたことを話したとき、「そんなこと、知ってるわよ。当たり前でしょ」と答えると、子どもはがっかりします。

　そして、もう話してくれなくなります。

　でも、子どもを伸ばすお母さんは、知っていても話を聞いてあげます。

「あら、そうなの。よく勉強してきたわね。他にも何か新しいこと覚えたら教えてね」

「おもしろそうね。また何かわかったら、教えてね」

　すると、また新しいことを学ぼうとします。

「勉強しなさい」と言われるよりも、「教えてね」と言われる方が、学習意欲が増していくものです。

２．人間性をほめて育てる

> 正直だね

　誠実さは、非常に大切な人間の徳です。

　人は誰しも失敗や過ちをおかす存在です。その失敗や過ちを謙虚に認め、心から悔いて話すことができる人は、結局みんなから信頼されるのです。

　子どもが本当のことを告白したとき、「あっ、この子は十分反省しているな」と思えれば、すぐに許してあげることです。

「正直に言えたね。えらいよ。もうしないよね」と言うぐらいでいいのです。

　子どもは、本当のことを言っても、親が怒らず、しかも許してくれるのなら、これからも自分の過ちを正直に言うでしょう。

「もうしない」と決心しても、恐らく子どもはまた失敗や過ちをおかすでしょうが、それをごまかさず、誠実に認めて、自分の弱さとたたかえることが大切です。

「正直だね」と言われる子は、人間的に誠実に成長していけます。

　偉大な人は、決して失敗をしなかった人ではありません。数々の失敗から、誠実に立ち上がることのできた人です。

> 素直だね

　素直な子は、グングン成長します。
「経営の神様」と称された松下幸之助氏が、「経営のコツは素直さ」にあると言われたほど、大人になっても人間として大切な徳です。
　子どもが親の言うことを素直に聞き入れるなら、言ってあげましょう。
「素直さは、心の宝ものだよ。あなたは、大人がもっていないような宝ものをもっているね」

> 思いやりがあるね

　思いやりの心は誰でももっています。
　でも、自分のことばかり考えているときは、人のことなど思いやれません。
　親が、「思いやり」を意識し、「思いやりのある子に育ってほしい」という願いをもっていれば、いずれ子どもに伝わります。
　子どもは自己中心的な時期がありますが、親が人に親切にしているのを見たり、親からの愛情を感じたりすることでよい影響を受けます。
　そして、他の人にも思いやりをもって接することのすばらしさを知ります。

親は、子どもが人に親切にしたり、優しくしたりしているのを見つけたら、「思いやりがあるね」「優しいことができたね」と言ってほほえんであげましょう。

思いやりの心が育ち、おこないや言葉に優しさが表れるようになります。

> 💬 ユーモアがあるね

おもしろいことを言ってまわりの人を楽しませることのできる子は、人気があります。

ダジャレでも、モノマネでも、笑って楽しんであげましょう。

「ユーモアがあるね」「おもしろいね」と言ってあげましょう。

明るいユーモア精神が育ちます。

> 💬 プラス思考だね

物事をプラスに考える方が、心は前向きになれます。

プラス思考の人は、起こることはすべて自分のためになると考えます。

たとえば、宿題がたくさん出て「大変だな。でも、これをすればもっと賢くなれる」と子どもが言えば、「おっ、それはプラス思考だね」とほめてあげましょう。

> 負けず嫌いだね

　たとえ昼休みのサッカー遊びでも、負けると悔しくて泣いてしまう子がいます。
　そういう子は、たとえ遊びでも一所懸命です。
　負けるのがいやなので、何事も一所懸命するタイプです。
「負けず嫌いだね」と、がんばりを認めてあげましょう。
　負けず嫌いは、子どもの能力を高めます。

> さすがだね

　いいことをしていたら、子どもをほめましょう。
「さすがだね」と認めてあげましょう。
「やるなあ！　さすが、〇〇くんだね」と笑顔で言ってあげましょう。
　子どもは、自信がつきます。
　自分を好きな子になれます。

3．人間関係をほめて育てる

> 親思いだね

　子どもが親のことを考えて、手伝ってくれたり、心配してくれたり、肩叩きをしてくれることがあればチャンスです。
「お父さん思いだね」
「お母さん思いだね」
「親孝行だね」
　きっとまた、親孝行をしたくなります。

> 友だちを大切にしているね

「朱に交われば赤くなる」と言います。
　子どもにはいい友だちとつきあってもらいたいものですね。
　いい友だちをもてるようになるには、自分自身がいい友だちでなくてはなりません。
「お友だちと仲よく遊べたね」「おもちゃを貸してあげたんだね」「親切にできたね」と、友だちを大切にしているところを見つけて具体的にほめてあげるとよいでしょう。

> いい友だちをもってるね

　人から好かれて、友だちと仲よくする子であってほしいものですね。
　親が友だちとの関係をほめてあげることで、コミュニケーションを取るのが苦手な子も少しずつ自信をもてるようになるでしょう。
「いい友だちをもってるね」「友だちがまた増えたね」とほめることは、「人間関係がうまくいってるね」とほめていることにもなります。

> 仲よくできたね

　きょうだいが仲よくしているときは、ほめてあげましょう。
「よく協力してできたね」
「あなたたちは仲がいいね」
　きょうだい仲がいいと、子育ては楽でもっと楽しくなります。

> さすがお兄（姉）ちゃんだね

　上の子には下の子の世話をする特別の責任があります。
　特別にほめてあげましょう。
「弟や妹の面倒をよくみてあげられたね」
「お兄（姉）ちゃんに任せてだいじょうぶだね」
　ますます、上の子の自覚が高まります。

> いい先生ね

　あなたの先生、「いい先生ね」。
　ちゃんと教えてくれて、「いい先生ね」。
　〇〇してくれて、「いい先生ね」。
　自分の先生をほめられると、子どもはうれしいものです。
　あなたの先生、「いい先生ね」。
　叱ってくれて、「いい先生ね」。
　ほめてくれて、「いい先生ね」。
　自分の先生をほめられると、子どもは先生に対して素直になれます。

> **お兄（姉）ちゃんのいいところを真似したね**

　下の子は、上の子に素直に従っただけでもほめてあげられます。
「お兄（姉）ちゃんのいいところを真似したね」
「お兄（姉）ちゃんの言うことがよく守れたね」
　下の子をほめると、上の子も喜ぶでしょう。

4. 子どもが喜ぶ言葉、子どもを伸ばす言葉
　　（あいさつ、声かけなど）

> ありがとう

　だれでも、感謝されるとうれしくなります。
　子どももそうです。
　子どもも、小さいけれど、自分のしたことを認めてもらいたいと思っています。
「ありがとう」って感謝されるとうれしくなります。
　子どもも、小さいけれど、誰かの役に立ちたいと思っています。
「ありがとう」って感謝されると、瞳が輝きます。
　子どもも、小さいけれど、だれかに喜んでもらいたいと思っています。
「ありがとう」って感謝されると、笑顔になれます。

> 助かったよ

　何かお手伝いをして「ありがとう」と感謝されると、うれしくなります。
「助かったー」と言われると、役に立ったなと、うれしくなります。
「ありがとう。助かったよ」と言われると、またこの次もしてあげたくなります。

だって、お母さんはいつもぼくのためにいっぱいしてくれているから……。
ぼくのためにがんばってくれているから……。
ぼくもお手伝いするぐらい当たり前だよね。
そう思えてきます。

うれしいよ

「〇〇してくれてうれしいよ」と、自分のしたことが喜ばれるのはうれしいものです。
「あなたと会えてうれしい」と、自分の存在を喜ばれるのはうれしいものです。
　子どもとの関わりの中で、ことあるごとに「うれしい」と言ってあげましょう。
「うれしい」「うれしかったよ」「とってもうれしかったよ」
　あなたがここにいてくれて「うれしい」。
　あなたの親であることが「うれしい」。
　子どもは、そんな親の喜びを感じることで、自分は人に喜んでもらえる存在なんだということを知ります。

> おはよう

　子どもが起きてきたときに、「おはよう」って言ってあげましょう。
　当たり前のことだけれど、それだけでうれしいものです。
　できれば、にこやかに……。
　それだけで、子どもにとっても、家族にとっても、気持ちのいい一日が始まるのです。

> おかえりなさい

「ただいま」「おかえりなさい」の関係は大切です。
「おかえりなさい」って言ってくれる人がいれば、「ああ疲れた。今日はね……」「今日のおかず、なあに？」とその後の会話も続きます。
「おかえりなさい」って迎えてくれる人がいると、家に帰るのがうれしくなります。
「おかえりなさい」は、家庭の温かさです。

> おやすみなさい

「おやすみなさい」と言ってもらえると、安心して寝床につけます。

「おやすみなさい」と言ってもらえると、いい夢が見られそうです。
「おやすみなさい」と言ってもらえると、明日が楽しみになります。

いってらっしゃい

　子どもが出かけるとき、「いってらっしゃい」「気をつけてね」。
　些細な言葉ですが、安心します。
「いってらっしゃい」「気をつけてね」
　その言葉を道々思い出しながら、温かな気持ちになれます。

ごめんね

「ごめんね」は、ほめ言葉ではありませんが、親から子どもに言ってほしい言葉です。
「ごめんね」は、よい人間関係をつくるのに必要な言葉です。
　そして、自分の非を素直に認め、自分を改善していくための大切な言葉です。
　親も人間ですから、間違いやミスが必ずあります。
　親がそんなときに、「ごめんなさい」「ごめんね」と謙虚に言えるのであれば、子どもも自分が悪かったときに

素直に認めて「ごめんなさい」「ごめんね」を言えるようになります。

> お陰で

　子どもに「お陰さま」を教えましょう。
「お陰で、おいしいごはんが食べられるね」
「お陰で、冷たいお水が飲めるね」
「お陰で、電気がつくのよ、ありがたいね」
「お陰さま」は、隠れて見えません。
　見えないけれど、たくさんの人のお陰で、私たちが生活できることを教えてあげましょう。
　子どもにも、「あなたのお陰でお母さんも元気が湧いてくるよ」などと言ってあげるといいですよ。

> なるほど、なるほど

　子どもの話を聞いてあげましょう。
「なるほど、なるほど」
　うなずきながら聞いてあげましょう。
　よくわからなかったら、
「そこんところ、どういうこと？」
　と尋ねます。
　そして、また、
「なるほど、なるほど、へー、そうなの、おもしろいわ

ね」

と聞いてあげましょう。

お母さんが聞き上手になればなるほど、子どもの話す力が高まります。

第6章 能力・人間性・人間関係のほめ方

> いっしょに遊ぼう

「いっしょに遊ぼう」は、子どもが喜ぶ言葉です。
「じゃ、ウルトラマンごっこ。ぼくはウルトラマン、ママは怪獣（あっ、やっぱり、ダメ？）」
「いっしょに遊ぼう」は、子どもがうれしく思う言葉です。
「じゃ、キャッチボール。ぼくはマツザカ、パパはイチロー（でいいよ）」
「いっしょに遊ぼう」は、子どもがのってくる言葉です。
「じゃ、サッカー。ぼくはカカ、ママもカカ？」
「いっしょに遊ぼう」と、親から言われたことのある子どもは幸せです。
　いっしょに遊んでくれたことを、子どもは大きくなってもずっと忘れないでしょう。

> 何が好き？

「何が好き？」は、子どもの世界を広げていく言葉です。
「○○ちゃん、何が好き？」
「鬼ごっこ、なわとび、サッカー。そうだ、このまえシュート入ったよ」

「へーえ、きっとカッコよかったろうね」
　会話がはずみます。
「〇〇ちゃん、何が好き？」
「みかん、プリン、チュークリーム、あっ、ちがう。シュークリーム」
「うん、食べる前に、チューしてるもんね(笑)」
　冗談も言いたくなります。
「〇〇ちゃん、何が好き？」
「ハンバーグ、カレー、オムレツ、でも、ママがつくったやつ」
「わっ、じゃ、また作ってあげる」
　ウキウキしてきます。
「〇〇ちゃん、何が好き？」
「ちびまるこちゃん、ドラえもん、ええと……優しいときのパパとママ」
「それって、『誰が好き？』なんだけど……まっ、いいか(笑)」
　ホクホクしてきます。
「何が好き？」は、親と子を近づける言葉です。

> ハハハ……

　笑いは生活の潤いです。
　笑いは心のゆとりです。
　家庭に笑いがあれば、問題がなくなります。
　たいていのことは、笑っていれば解決するのです。
「ハハハ……」
「ハハハ……」
　皆が同じことで笑える家庭には幸福がやってきます。
「ハハハ……」
　家の中で家族といっしょに笑える子どもは幸福です。

> オッケー！

「ボクもやっていい？」
「オッケー！　もちろんいいよ」
「あっ失敗したみたい」
「オッケー！　やりなおせばだいじょうぶだよ」
「こんなのでいい？」
「オッケー！　上出来だよ」
「オッケー！」を口ぐせにすれば、オッケー親子になれます。

> ○○ちゃん……

「○○ちゃん」「○○くん」「あのね、○○……」
　自分の名前を呼んでほめられるのは、うれしいものです。
　世界に一人しかいない自分の名前。
　大好きなお父さんやお母さんがつけてくれた名前。
　これから何万回も名乗り、何万回も呼ばれ、一生つきあっていく自分の名前。
　その名前が、とびきり大好きな言葉になるように……。

きっと役立つほめ言葉リスト700

言葉の後に入っている数字は、解説のあるページ番号です。

あ

あいさつが気持ちいいね
愛してるよ
アイデアが豊富だね
相手の立場に立ってるね
会えてうれしい
明るいね
あきらめないのがえらい
握手してくれる？
あこがれの的だ
朝ごはん、食べたね　119
あざやかだ
味があるね
足が長いね
足が速いね
明日もいいことあるよ
遊びの天才だね
温かいね
頭いいね　138
頭の回転が速いね
新しいことだよ
当たりだ
当たり前じゃないよ
熱い心がいいね
あっぱれだ
あでやかだ
あとかたづけがよくできたね
アナウンサーみたいにうまいよ
あなたが好き
あなたが誇らしいよ　107
あなたのままでいい　109
あなた、○○さんに
　　ほめられてたよ
あなたみたいになりたい
兄貴って感じだね
危なげないね
甘え方がうまい
あらためて感心したよ
有り難いことだ
ありがとう　150
ありのままでいいよ
歩き方がいいよ
安心して見てられるよ
いい色使いだね
いい顔してる
いい経験したね
いい声だ
いい子だね
いいこと言うなあ
いいことしたね　124
いい先生ね　148

いいところあるね	いっぱい食べるね
いいところを真似したね	一本取られたな
いい友だちをもってるね　147	いつもあなたの味方だよ　106
いい仲間だね	いつもありがとう
いいね、いいね、	いつも一所懸命だね
とってもいいね　132	いつもかっこいい
いい勉強になったね	いつもきれいにしてるね
意外性があるね	いつも……だね　112
イケメンだね	いないとさびしいな
生き生きしてるね	いばっているの見たことない
勢いがある	癒されるなあ
粋だね	嫌味がないんだな
潔いね	いろんなこと知っているね
勇ましいね	言われなくてもできるね　137
意志が強いね	印象がいいね
いたずらもうまいね	うけたね
一人前だね	動きがいいね
一番だよ	動くのが早い
一番よかったよ	ウソがつけないね
一目置かれてるよ	歌がうまいね
一輪の花のようだ	腕をあげたね
一回でできたね	腕がいい
一所懸命だね　129	打てば響くようだ
いっしょに遊ぼう　156	うまい
いっしょにいるとうれしい	うまい字だね
いっしょにいると楽しい	馬が合うね
いってらっしゃい　153	生まれてくれてありがとう　105
いつの間にか	裏表がないね
できるようになったね	うれしいよ　151

上手だね
運がいいね　108
運動神経がいいね
英語を知ってるんだね
影響力あるよ
絵がうまいね
笑顔がいいね　128
エクボがいいね
エネルギッシュだね
えらい
エンジン全開だね
エンターテイナーだね
縁の下の力持ちだよ
おいしそうに食べるね
応援してるよ
大物だなあ
お母さん、うれしい
お母さんみたいだね
おかえりなさい　152
お陰で　154
お陰で助かったよ
教え方うまいね
教えてね　141
おしとやかだね
おしゃれのセンスいいね
お嬢様だね
落ち着いてるね
オッケー！　158
お手柄

お手伝いしてくれて助かるな
お父さんみたいだね
男前だね
男らしい
大人だね
大人になったね　136
驚いたな
お兄（姉）ちゃんの
　いいところを真似したね 149
おはよう　152
覚えが早いね
お前だけだよ
お前ならできる
お任せするよ
おみごと！　115
おめでとう
思い切りがいいね
思いやりがあるね　143
おもしろい
おもしろいこと考えるなあ
趣があるね
親思いだね　146
親孝行だね
おやすみなさい　152
親分肌だね
温厚だね
女の子らしいね

か

快調だね	感心ね　　　　　123
回復が早いね	寛大だね
買い物上手だね	感動した！　　　118
快眠快食できてるね	がんばったね　　110
会話していて楽しいよ	がんばってるね
顔色がいいね	完璧だよ　　　　140
顔の表情がいいよ	気合が入ってるね
輝いているよ	記憶力がいいね
確実性があるよ	気が利くね
かけがえのない子だ	気配りができるね
かけっこが速いね	聞き上手だね
賢いね　　　　　136	聞き分けがいい
価値があることだ	期待以上だ
勝ちだね	貴重な存在だよ
かっこいいね　　126	几帳面だね
ガッツあるね	きちんとしてるね
活動的だな	機転が利くね
活発だな	厳しくて優しいね
かなわないな	気前がいいね
がまん強いな	きまってるね
髪がきれいだ	きみならできるよ
かわいいね　　　126	きみの〜は最高だ！
変わるのはいいことだよ	きみは特別だ
勘がいいね	きみらしくてとてもいいよ
観察力があるね	決めるのが早いね
感謝するよ	気持ちがいいな
感受性が豊かだね	逆転ホームランを
漢字をよく知ってるね	打ったみたいだ
完食だ！	急成長だ

キュートだね
器用だね
強運だね
行儀がいいね
協調性があるね
今日もできたね　　　　133
教養があるね
キラキラしてるよ
きれいだね
きれいに食べてくれて
　うれしいな
金メダルだよ
空気がよめるね
クールだね
具体的でいいね
口が堅いね
口が達者だね
愚痴を言わないね
グッド！
グッドラック
グングン伸びてるぞ
軽快な動きだね
計算が速いね
継続してるね
結構やるね
元気だね　　　　　　　128
謙虚だね
健康そうだね
健康に気をつけてるね

賢明だね
語彙が豊富だね
豪快だね
好感がもてるな
紅顔の美少年だ
剛毅だね
好奇心旺盛だな
好調だね
行動力があるね
好評よ
効率よくやってるね
声がいいね
声がはっきり聞こえるよ
語気が強いね
小ぎれいにしてるね
心地いいな
ここまで続くのは
　なかなかできないよ
心がきれいだね
心が広いね
個性的だね
コツコツ勉強できるんだね
言葉がきれいだ
この作品、いいね
これ、いいセンスしてるね
ごめんね　　　　　　153
これからが楽しみだ
根気があるね
根性あるね

今度もうまくいきそうだね
こんなことができるように
　なったんだ
こんなの見たことないよ

さ

最高だ
最後までやれたね
最初にやったね
才能あるよ
さえてるね
さすがお兄（姉）ちゃんだね 148
さすがだね　　　　　　　145
さばけるね
さわやかだね
参考になったよ
サンキュー
幸せそうだ
仕事がよくできる
静かに勉強できるね
詩人だね
自己最高だね　　　　　　138
姿勢がいいね　　　　　　127
しっかりしてきたね　　　124
実力あるね
自分のやり方でいいんだよ
自分らしさが出ていていいね
（○○は）自慢の子だ
地道にがんばっているね

社交的だね
しゃれがうまい
集中力があるね
趣味がいいね
殊勝な心がけだ
主体性があるよ
主役は君だ
純粋だね
小学生とは思えないほどすごい
正直だね　　　　　　　　142
上手だね
上達が早いね
上出来だ
情熱的だなあ
丈夫だね
情報通だね
将来有望だね
食事が楽しい
職人わざだ
初志貫徹できるね
自立心があるね
芯が強いな
真剣さがいいね
信仰心に篤いね
紳士的だな
真摯な態度だ
信じてるよ　　　　　　　108
人生明るいな
親切だね

辛抱強いね
親身になってくれるね
信頼されてるね
好きだよ
好きだっていうのは
　　大事なことだよ
すがすがしいね
すぐに行動できるね
すごい！ 133
筋がいいね
筋が通ってるね
スタイルがいいね
ステキだね 127
素直だね 143
スーパーマンみたいだ
素晴らしい！
スピーディーだ
図太いね
スマートだね
鋭いな
精一杯やってるね
性格いいな
正確だね
誠実だね
青少年の鑑だ
精神的に大人だね
正々堂々としてるね
成長したね 122
整理整頓ができるね

背が高くなったね
責任感があるね
積極的だね
絶好調だ
節制ができるね
絶対いいよ
先見の明があるね
繊細だね
センスいいね 122
全部、任せたよ
全力を出せればそれでいい
洗練されてるね
そう、そう、そうだね
掃除がよくできるね
創造力があるね
聡明だね
ソツがないね
その通り
その服いいね
そばにいてくれてよかったよ
素朴でいいな
それはいいな
尊敬するよ
存在感があるよ
そんなこともできるんだね

た

体格いいね
退屈しないな

たいしたもんだ	ちゃんとできてるね
大事なことだね	チャンピオンだ
だいじょうぶ　114	調子がいいね
大好きだよ　104	ツイてるね
大成するよ	疲れを知らないね
大切にしてるね	つきあいがいいね
大胆だね	次もお願いね
体力あるね	つめがきれいに切ってあるね
宝ものだよ　105	強いね　134
たくましいな	ていねいに書けたね　121
多才だね	でかした
確かにそうだね	手堅いね
助かったよ　150	的確だ
助けてくれてありがとう	テキパキしてるね
正しいよ	できる？　134
達人だ	できるようになったね　111
楽しい子だね	できるようになるよ　137
頼もしいな	手先が器用だね
タフだね	手早いね
頼りがいがあるね	10（テン）カウントまでに
誰にでも親切だね	起きられたね　116
誕生日覚えてくれたんだね	天才的だ
段取りがいいね	天使みたい
力持ちになったね	天真爛漫だね
遅刻しないね	天性のものをもってるね
知的だね	電話の応対がよくできるね
チャーミングだね	……と思ったんだね　118
チャレンジ精神があるね	動作が機敏だね
○○ちゃん……　159	堂々としてるね

度胸があるね
(○○が) 得意なんだね
(○○は) 特別だよ
読書っていいね　　　　　120
どこに連れて行っても
　　恥ずかしくないね
年上の子でもものおじしないね
年下の子に優しいね
友だち多いね
友だちを大切にしているね 146
友だちに好かれてるね
トライできたね
努力家だね
努力が結果に出たね
努力できることが素晴らしい

な

ナイスファイト
なかなかいいね
なかなかやるなあ
仲よくできたね　　　　　147
納得するよ
何か人と違うね
何が好き？　　　　　　　156
何事にもチャレンジできるね
何にでもがんばるね
何を着ても似合うね
名前をよく覚えてるね
並大抵じゃないね

なるほど、なるほど　　　154
慣れてきたね
何でも知ってるね
何でも食べられるね
なんと (すごい)
苦手なものも食べられたね 120
ニコニコしてるね
(○○に) 似てるね
日本的だね
人気あるね
人間味があるね
人情の機微がよくわかるね
忍耐力あるよ
願いが叶ったね
寝顔がかわいいよ
寝相がいいね
熱血漢だ
熱心だね
念入りにできたね
のってるね
のみこみが早い
ノリがいいね

は

ハハハ……　　　　　　　158
ハイクオリティーだ
バイタリティーがあるね
配慮がいきとどいてるな
歯がきれいだね

博士になれるよ
ハキハキしてるな
迫真の演技だ
迫力があるな
箱入り娘だよ
肌がきれいだね
働き者だね
発音がいいよ
はっきり言ってすごいよ
ハッスルしてるね
発想が豊かだね
発明家だ
発達が早い
抜擢されたね
華があるな
話がわかりやすいな
歯磨きしっかりしてるね
早いね　　　　　　　　114
早耳だね
早わざだね
腹が太いね
バランスがとれている
張り合いを感じるな
ハンサムだね
万事この調子
判断力があるね
反応がいいね
びくともしないね
美人だね

光ってたよ　　　　　　125
美男子だよ
ヒットだ
人柄がいい
人と違ってるのはいいことだよ
人に好かれているね
人の気持ちをよく考えてるね
人の話をよく聞いてるね
人の悪口を言わないね
一肌ぬいであげたね
人前に出ても堂々としてるね
一目ぼれされたんだよ
ひとりでできたね　　　112
非の打ちどころがない
秘密が守れるね
眉目秀麗だ
百発百中だ
ピュアだね
100回も！　　　　　　117
表現力豊かだ
標準以上だよ
評判がいいよ
飄々としているね
品があるね
ファイトあるね
ファインプレーだ
ファッションセンスがあるよ
フィニッシュが決まったね
服を大切にしてるね

不思議なくらいすごい
ふっきれたね
フットワークが軽いね
筆がうまく使えるね
太っ腹だね
プラス思考だね　　　　　144
プロみたいだよ
雰囲気がいいよ
文章がうまいよ
ヘアスタイルがいいね
ベストを尽くしている君は
　　かっこいい
ベッピンだね
勉強できるね
フェアプレーだね
福耳だね
ポイントをつかんでるね
奉仕の精神があるね
ホームランだ
朗らかだね
誇りに思うよ
ポジティブ思考だね
没頭できるね
ほっとするよ
ほめ上手だね
ほめたくなるよ
ほれぼれするよ
本をたくさん読んでいるね
本当にすごい

ま

まいったよ
マイペースだね
前向きだね
任せても安心だ
負けず嫌いだね　　　　　145
まさか、ここまでできるなんて
真面目だね
まずまずだよ
ますますよくなってるね
また会いたいって言ってたよ
まだまだやれるよ
まだやれそうだね
間違いがほとんどないね
間違いをくり返さないね
まっとうだね
まとめるのがうまいね
マニアックだね
マメだね
マリア様みたいだ
丸だよ
漫画がうまいね
満点だ
見上げた心がけだ
見かけ以上だ
身が入っているね
見ごたえあったよ
見込みあるよ

ミスがないよ
水のしたたるような
　いい男（女）だね
ミスター〇〇
みごとだ
身だしなみがいいね
見た目がいい
見直したよ
見習いたいね
耳がいい
魅力あるね
みんな、きみを好きだよ
みんな、きみをすごいと
　思ってるよ
みんなのことを考えてるね
向いてるよ
昔からそうだったね
向こう意気が強いね
無視できないね
難しいことでもやれるんだね
無駄遣いしていないね
胸がすく気分だよ
胸を張っていいよ
ムラがないね
名言だよ
名手だね
名人だね
明朗だね
目が利くね

目がきれいだね
メガネが似合う
恵まれているよ
目ざといね
目ざましいね
目立つね
目の中に入れても痛くない
メモの取り方がいいね
面倒見がいいね
燃えてるね
目標の達成ができたね
モチベーションが高いな
もっともだね
モテるね
物知りだね
ものまねがうまい
物分かりがいいね
盛り上がってるね
問題解決できたね

や

八重歯がかわいいね
野球のことよく知ってるね
約束を守れたね
優しいね
優しい目だね
ヤッタね
大和魂をもってるね
大和撫子だなあ

やる気あるね
やるなあ
勇気があるなあ
有言実行だね
優秀だ
ユーモアがあるね　144
愉快だね
ユニークだね
指がきれいだね
夢があるんだね
要領がいいね
よかったね　118
よくお話が聞けるね　135
よく考えてるね
よく気がついたね　140
よく調べたね　116
よく似合うよ　129
よくやった
よくやってるね
よし
読みが深いね
喜んでもらえたね　124

ら

来週も（来年も）期待できるな
楽観的だね
ラッキーだね
リーダーシップがあるね
理解が早いよ

力作だ
利口だね
リズム感があるね
理性的だ
理想的だ
律儀だね
立派にできたね
良心的だね
料理が上手だね
リラックスしてるね
凛々しいね
凛としているね
留守番がよくできたね
ルックスがいいよ
礼儀正しいね
冷静だね
レベルが高いよ
ロケットスタートだ
ロマンチストだね

わ

わがままを言わないね
わかってくれてるね
話題が豊富だね
わたしは〇〇ちゃんが好き
わたしもそう思うよ
わたしのいいところが
　似てよかったよ
わたしの大切な子だよ

参 考 文 献

本書の執筆にあたり、以下の文献を参考にさせていただきました。心より感謝申し上げます。

『子どものほめ方・叱り方』(浜尾実著　PHP研究所)
『子供を伸ばす一言、ダメにする一言』(浜尾実著　PHP研究所)
『愛と祈りで子どもは育つ』(渡辺和子著　PHP研究所)
『子どもを伸ばす魔法のことば』(山崎房一著　PHP研究所)
『子どもを叱る前に読む本』(平井信義著　PHP研究所)
『子どもが育つ魔法の言葉』(ドローシー・ロー・ノルト、
　　　　　　レイチャル・ハリス著　石井千春訳　PHP研究所)
『ほめ言葉ハンドブック』(本間正人、祐川京子著　PHP研究所)
『ほめ言葉ハンドブック　家族・プライベート編』
　　　　　　(本間正人、祐川京子著　PHP研究所)
『気絶するほど「ほめる子育て」』(高橋愛子著　コスモトゥーワン)
『子どもが一週間で変わる親の「この一言」』
　　　　　　　　　　　　　(波多野ミキ著　三笠書房)
『子どもの上手な叱り方・下手な叱り方』(波多野ミキ著　三笠書房)
『間違いだらけの叱り方ほめ方』
　　　　　　(渡辺康麿監修　渡辺ミサ著　学陽書房)
『見える学力、見えない学力』(岸本裕史著　大月書店)
『男の子の脳、女の子の脳』
　　　　　　(レナード・サックス著　谷川漣訳　草思社)
『別冊PHP』2001年9月増刊号「子どもをほめるコツ叱るコツ」
　　　　　　　　　　　　　　　　　　　　　(PHP研究所)
『児童心理』2002年12月臨時増刊号「育てるほめ方・叱り方」
　　　　　　　　　　　　　　　　　　　　　(金子書房)
『日経Kids＋』2007年5月号「男の子の勉強法 女の子の勉強法」
　　　　　　　　　　　　　　　　　　　　　(日経ホーム出版社)

あとがき

 本書を最後までお読みくださり、本当にありがとうございます。

 子どものために本を開いて学ぼうとするのがよいことだとは知っていても、忙しい生活の中では、誰でもできることではありません。

 いま、それをされているあなたですから、この本で学ばれたことを実際の生活の中で活用してみることもできるでしょう。

 何度も申し上げますが、この本に出てくるほめ言葉を使っていただければ、子どもを伸ばす上できっと効果があります。

 外面的には、子どもの目が輝き、表情が明るくなり、積極的な行動ができるようになるなどの変化があるでしょう。

 内面的には、親への信頼感と安心感が子どもに増し、それに基づいて子どもの自主性や自信や意欲が育っていくでしょう。

 ただ、この本は一度読んで終わりにするのではなく、できれば身近において、何度もご活用いただければと願っています。

 なぜなら、教育は小さなことの連続であり、その成果

は小さなことの積み重ねで得られるからです。
　また、ほめ上手な親になることも子どもを伸ばしていくことも、頭で知っているだけでなく、少しずつ行動することによって、少しずつ成し遂げられるからです。

　この本は若いお母さん、お父さんのために書きましたが、子どもとどう接していいか悩んでいらっしゃる教育現場の先生にも読んでいただければと願っています。
　学校に勤めているとき、放課後、ひとり学校の礼拝堂で祈りながら反省するのが私の日課でした。ついつい子どもを叱りすぎてしまったこと、もっと子どもをほめようと思っていてもできなかったことなどをよく反省し、改善の決心をしたものです。
　日々、そんな努力を続けながら、成長していく子どもたちとともに、自分も教師として、人間としても成長していきたいと願ってきました。
　その延長線上に生まれたこの本が、自分も人間的に成長し、子どもたちを幸せに導きたいと願っていらっしゃる皆様のためになれば、とてもうれしく思います。

2008年秋
中井俊已

著者略歴
中井俊已（なかいとしみ）
長崎大学教育学部卒業後、私立の小・中学校の教師として23年間、日々、小学1年生から中学3年生の子どもたちと接する。現在は、作家、教育コンサルタントとして執筆、講演などで幅広く活躍中。
著書に、ベストセラー『ラッキー！』『ハッピー！』（以上、PHPエディターズ・グループ）をはじめ、『元気がでる魔法の口ぐせ』『マザー・テレサ愛の花束』（以上、PHP研究所）や『子どもを伸ばすほめ方叱り方51のヒント』『思いやりを育てるしつけ51のヒント』（以上、学陽書房）など多数ある。

メルマガ「教育プラスアップ1」を毎週配信中。
ホームページhttp://www.t-nakai.com/から無料でご登録できます。

装丁：一瀬錠二（Art of NOISE）
装丁イラスト：勝部浩明
本文イラスト：勝山英幸
本文DTP：朝日メディアインターナショナル株式会社

子どもの「いいところ」を伸ばすほめ言葉ブック

2008年11月19日　第1版第1刷発行

著　者	中　井　俊　巳	
発行者	江　口　克　彦	
発行所	ＰＨＰ研究所	

東京本部　〒102-8331　千代田区三番町3番地10
　　　　　生活文化出版部　☎03-3239-6227（編集）
　　　　　　　　普及一部　☎03-3239-6233（販売）
京都本部　〒601-8411　京都市南区西九条北ノ内町11
　　　　　　　　普及二部　☎075-681-8818（販売）

PHP INTERFACE　　http://www.php.co.jp/

印刷所	図書印刷株式会社
製本所	東京美術紙工協業組合

©Toshimi Nakai 2008 Printed in Japan
落丁・乱丁本の場合は弊社制作管理部（☎03-3239-6226）へご連絡下さい。
送料弊社負担にてお取り替えいたします。
ISBN978-4-569-70355-8